儿童教养课

张红镝 李萍◎编著

中国纺织出版社有限公司

内 容 提 要

　　孩子的教育一定离不开教养问题，因为孩子的优秀不仅仅体现在成绩上，是否有主见、德行的好坏、认知和行为能力的高低等都是衡量一个孩子是否优秀的标准。所以，作为父母，一定要有意识地提升孩子的教养。

　　本书详细阐述了孩子的教养体现在哪些方面，并通过一一分析，得出提升孩子教养的有效教育方法。对孩子来说，一味的放纵是没有任何好处的，真正的自由永远是和规则相伴相随的，当孩子有了好的教养，懂得了遵守规则，他自然会收获更多的自由。

图书在版编目（CIP）数据

　　儿童教养课 / 张红镝，李萍编著. -- 北京：中国纺织出版社有限公司，2020.10（2020.12 重印）
　　ISBN 978-7-5180-7932-2

　　Ⅰ．①儿… Ⅱ．①张… ②李… Ⅲ．①儿童教育—家庭教育 Ⅳ．①G782

　　中国版本图书馆CIP数据核字（2020）第184031号

责任编辑：张　羽　　责任校对：高　涵　　责任印制：储志伟

中国纺织出版社有限公司出版发行
地址：北京市朝阳区百子湾东里A407号楼　邮政编码：100124
销售电话：010—67004422　传真：010—87155801
http://www.c-textilep.com
中国纺织出版社天猫旗舰店
官方微博http://weibo.com/2119887771
北京市密东印刷有限公司印刷　各地新华书店经销
2020年10月第1版　2020年12月第2次印刷
开本：880×1230　1/32　印张：6.5
字数：68千字　定价：39.80元

凡购本书，如有缺页、倒页、脱页，由本社图书营销中心调换

前　言

　　孩子的教育，牵动着父母的心。孩子从小是否有教养，将决定这个孩子将来是否有发展，有成就。平时，我们所说的孩子有教养，大多体现在孩子有礼貌，知书达理，与人相处给人一种很舒服的感觉。其实，不管家境富裕还是贫穷，孩子的教养一定不能缺。提升孩子的教养，不但是对孩子负责任，也是让孩子的未来有保障。

　　平时我们常说"穷养儿子富养女"，其实，纵观那些伟人或卓越者能获得瞩目的成就，并不是穷养与富养的结果，而是教养使然。诸葛亮在教子书中这样写道："静以修身，俭以养德。非淡泊无以明志，非宁静无以致远。夫学须静也，才须学也。非学无以广才，非志无以成学。淫漫则不能励精，险躁则不能冶性。"当然，俭并非穷养的意思，而是一个人要学会节俭，不管是家境富裕还是家境贫穷，节俭都是一个人身上的美德。可见，教养体现在一个人对基本"是"与"非"的标准的理解，体现在对事理和常识的掌握，体现在一个人内在的良好品格修养映射在外的优雅和从容。

　　教养，并不是富裕家庭的专属，也不是贫穷人家的私

藏，而是任何一个家庭都能送给孩子的一笔无价之宝，是为孩子心灵世界打造的一盏智慧之灯。教养是培养孩子成人的灵魂，是教育孩子成材的基础，是一个让孩子在身心各方面得以全面发展的系统教育。提升孩子的教养，是父母努力的方向。

当然，孩子的教养与父母的教育息息相关，可以说，父母在教导孩子的过程中起到了关键性的作用。所以父母一定要重视孩子的教育问题，平时对孩子言行多约束，帮助孩子形成正确的人生观和价值观。提升孩子的教养最关键的在于改正孩子的缺点，让孩子朝着更好的方向发展。家庭教育是一个孩子成长背后的关键。在家庭教育的过程中，提高孩子的成绩是一方面，提升孩子的教养更重要。提升孩子的教养最重要的是让孩子养成良好的生活和学习习惯。为此，家长应采用好且有效的教育方式来教育孩子。

编著者

2020年2月

目 录

目录

第一章

做有教养的好孩子：教孩子学会尊重、宽容和承担责任

只有孩子建立了正确的是非观时，他才能管住自己的行为，人们才认为他是一个守纪律的人。父母从小就要有意识地引导孩子成为一个有教养的人，教会孩子学会尊重、宽容和承担责任。

懂得爱，让孩子学会关心他人

王鹏是家里的独子，他就像家里的小太阳，从来都是衣来伸手，饭来张口。有一次妈妈腰疼得厉害，没有及时做午饭，他回家就嚷嚷个不休。

他在学校里有个非常要好的同桌叫小芬。一天早上，小芬手指上缠着创可贴来上学，王鹏看见了笑着问："怎么做梦吃猪蹄咬着自己的手指头了？"小芬摇摇头，可眼泪随即掉下来了。王鹏一下紧张了，可还是嘴硬："瞧你瞧你，我又没欺负你。"说完就故作不知地看书去了。语文课上老师要听写生字，全班同学都拿起笔和纸来准备写，只有小芬不动，老师有些严厉地问是怎么回事。王鹏一下举起手来，"老师，小芬手破了，写不了。"说完就看看小芬。老师看了一下小芬举起的右手，点了一下头。

下课之后小芬才告诉他原因，原来，昨天晚上她回家做饭，没想到一不留神把手切了一个小口，鲜血直流。妈妈白天要去照顾生病的姥姥，下午回来之后匆匆忙忙地吃上几口饭就要去上夜班。昨晚妈妈包扎好小芬的指头、做完饭之

后，就饿着肚子上班去了。

"哦。"王鹏看着小芬内疚的表情，自己有些脸红，但很快他又说，"那有什么，街上饭馆里有的是饭啊，随便买一碗就是了。"

小芬摇摇头，"可时间来不及了。"

王鹏不说话了，突然他兴奋地说："那我以后帮你做饭吧。""你会做吗？"小芬有些怀疑地说。

王鹏咧着嘴笑了一下："那我跟你学习学习吧，反正作业也是我学你的。"

下午，王鹏就去了小芬家，尽管他不会做饭，但洗菜、倒垃圾还是会的。在小芬的指导之下，他也逐渐学会了淘米煮饭。有他的帮忙，小芬做饭快了很多，有了更多的时间来学习。回到家后，王鹏也学会了对父母嘘寒问暖，一句关心的话语让妈妈直感叹自己的儿子是长大了。王鹏听了之后心里挺自豪的。

王鹏是个乐观的孩子，但不免存在当代独生子女的一些自私娇惯的毛病，看到小芬为自己的母亲没吃晚饭而难过，他深受触动，于是从帮助小芬开始，逐步学会去关心他人，在温暖别人的同时也温暖了自己，并与同桌在学业和人生中共同进步。

　　爱是人间最温暖的字眼，我们日常对他人的关心帮助使我们获得了这种温暖，大家在彼此的温暖中感受到这世界的美好与可爱。我们关心帮助别人，一方面为他人分忧解难，另一方面也让自己得到锻炼、获得快乐。

　　具体该怎么做呢？

　　1. 要学会体贴人

　　每个人都有一部难念的经，但并不是每一个人都愿意念出来，所以，在日常生活中，我们要教孩子注意身边的人的情绪和生活状态，也许妈妈的一声叹气就是劳累的反应，同学嘟着的小嘴可能就是不高兴的表现。教会孩子注意到这些，他们才能及时伸出自己温暖的手，给身边的人送去关怀。

　　2. 关心人要注意方式

　　也许孩子能注意到身边的人的情绪、状态了，也就注意到他们遇到困难了，可这时候，我们要教孩子不能胡乱上前表示慰问，老虎尾巴没了总不能给它找兔子的尾巴安上，关心要注意方式。王鹏喜欢开玩笑，虽然头一句就纯属玩笑，但后来在课堂上替小芬辩解则很恰当地缓和了局面。

　　3. 注意把握关心的时机

　　关心别人需要用心，也需要用脑。人并不是每时每刻都需要别人的关心，此刻别人的作业被老师痛批了一顿，也许

下一刻他就笑逐颜开了。这自然是好事。但假如我们在他笑逐颜开的时候再去关心他，这就有点哪壶不开提哪壶了。教会孩子关心别人也要看准时机，不要瞎操心。

4. 注意关心的适度

吃饭要注意适量，关心别人也同样要注意适度。不论大事小事，别人需要我们关心，但不需要我们天天关心。这就像孩子不愿意家长每天都念叨"好好学习，天天向上"一样。我们应让孩子懂得坚持适度是他们做事的原则，同样也是他们在学校中与朋友们相处的准则。

5. 关心要因人而异

吃米饭我们用筷子，喝汤我们要用勺子，我们应让孩子懂得如何完成一件事情都是要看对象的，关心他人也是。同样在操场上摔了一跤，一个女孩也许需要一声问候，但对于一个大大咧咧的男孩来说，反复的叮嘱就属多余了。

责任心——孩子一生受用的品质

妈妈有点不高兴，因为儿子强强的班主任在家长会上批评儿子没有责任心。回到家，她就看见强强斜躺在沙发上看

电视，再推开儿子的卧室的门，发现卧室里画笔、裤子、袜子乱扔一气。

妈妈气冲冲地走到客厅关了电视，对强强说："今天你要不把卧室收拾干净，你就甭想看电视！"

看着妈妈满脸的怒容，强强吐了一下舌头，走进了卧室。可一到卧室看着满地的垃圾，他不禁有点发怵，这么多垃圾怎么收拾呢？他长叹了一口气，一瞥桌子上摆着昨天从同学手中借的漫画，"算了，先看漫画再说。"他趴到床上，铺开了漫画。看着看着，闹铃一响，自己设定的动画片时间到了！他一下子就从床上跳起来跑出卧室，冲进客厅打开电视，跳到沙发上。这时，"啪"的一声，妈妈把电视关上了！

"收拾完自己的卧室再说！"妈妈冷静而板着的脸上露出不容抗拒的威严。

强强低下头，走进了卧室。虽说这是自己的卧室，可他一次也没有好好打扫过它，书、衣服杂乱地堆在一起。强强有些泄气，可一想收拾迟了动画片就完了，他又长出一口气，拾起了扔在地上的书。书，一本一本地往书架里放；衣服，叠整齐，一件一件往衣柜里摆。最后，他拿起扫把，把卧室的地打扫干净。再看看客厅，刚才躺在沙发上边吃边看

电视，瓜子皮吐了一地，沙发上的坐垫也滑了下去，一片混乱。强强走过去，将瓜子皮扫成堆，将沙发上的坐垫摆放整齐。半个多小时后，凌乱的卧室客厅一下就变得干干净净了。

爸爸回家后，妈妈指着整洁的客厅卧室说："看看，咱们儿子打扫的。"爸爸有些惊讶地看着屋子，笑呵呵地说："不错不错，咱们儿子长大了。"

强强听了心里美滋滋的。

从那以后强强开始主动做家务，并努力去做好。他在班里还当了卫生委员，他值日的时候，地上的纸屑果皮都被他捡得一干二净。老师直夸他是个有责任心的好孩子，已经是个小大人了。

强强做事虎头蛇尾，连自己的卧室都懒得打扫，在妈妈的严厉督促下慢慢学会了主动去担当，并且在班级里也主动承担，学会了为自己负责，为班集体负责，逐步培养起了自己的责任心。

是否有责任心关系着一个人在社会上能否成功，关系到一个人的家庭能否幸福。有责任心的人往往能够主动去担当，并在自己的职责范围内努力把事情做好，不会在面临困难时退避三舍，也不会做事半途而废。他们想的就是：我要

做这件事情，并且会做好它。这样的人能在做事中锻炼自己的耐心和能力，心理和心智也更为健全。因此，我们要培养孩子成为一个有责任心的人。

具体应该怎么做呢？

1. 做好现在正在做的事

孩子的目标应当远大，但是未来终归是现实的延展。所以，不要让孩子去想着要为国家怎样怎样，要为社会怎样怎样，而要让他学会在现实学习中努力和在生活中用心，这既是对他自己负责，也是对社会负责。我们应让孩子懂得：做好每一分每一秒的事，即是对未来负责；做好自己的事，即是对所有人负责。

2. 勇敢地担当生活中的事

生活中孩子会面临许多事，尤其在学校生活中，年少青春的孩子或许有很多事不敢做或者懒于做，如办个板报，当回班长，参加演讲比赛等。这个时候我们就需要鼓励他拿出勇气来，替班级和个人去忙碌去管理去表现，集体在召唤他，同时，他也召唤出了强大的自己。

3. 开了头就要坚持做下去

有的时候，责任心不仅表现为敢于去做事，更表现为持之以恒地把事做好。比如，强强当上班里的卫生委员后，始

终如一地为班级的卫生工作负责，这才是有责任心的表现。我们要教导孩子在担当任务的时候要作好足够的准备，开了头就不能虎头蛇尾。要有充分的耐心，去做好现在，也做好未来。

4.答应过别人的事就要坚持做到

诺言是应允别人的话，古人讲求信义，所以有一诺千金的说法。今天我们依然需要培养孩子的这种美好的品质。如果孩子答应借给别人的东西只图出口轻松，答应别人做的事临难而退，只会给人留下不好的印象。而他如果长此以往，一张嘴就只会说白话了。

懂礼貌，做人见人爱的孩子

小华是个活泼聪明的孩子。父母除了教导他的学习之外，还特别注重对他素质修养的教育，因此小华懂文明讲礼貌，是个很让人喜爱的孩子。一天妈妈带他去和朋友吃饭。临行前，小华换了一身干净整洁的衣服。进了饭店，小华一身黑色的小西装，脚上蹬了一双黑亮的小皮鞋，显得十分得体；脖子上扎个红色的领结，一头小短发梳得整整齐齐，显

得分外精神。王阿姨上前拉住小华的手直打趣，"哟，看看我们的小绅士。快来，看看我们家这位小淑女。"说着拉过身边咬着小指头的小女孩介绍说："这是我的女儿薇薇。"

"小妹妹好。"小华甜甜地对着薇薇一笑，小女孩一扭身，羞得钻到了她妈妈的身后面，两家大人都笑了起来。

吃饭的时候，小华始终安静地边吃边听妈妈和阿姨聊天，不时对阿姨夹过来的菜说声谢谢。服务员端上来一盘奶油葱饼，放到了小华的前面。小华乐呵呵地正要举起筷子，忽然瞥见薇薇也眼巴巴地望着，便对服务员说："阿姨，把饼端到妹妹面前吧，谢谢！"

王阿姨忙说："不用不用，都一样啊。"

"不一样啊，女士优先嘛。"小华一本正经地说。

听到这句话，大人们都笑了起来，王阿姨笑着捅了一下薇薇说："还不谢谢哥哥。"

"谢谢哥哥。"薇薇甜甜地说了一句，拿起一块切好的奶油葱饼站起来，然后绕着桌子跑到小华面前，放在了他的碗里。

"谢谢，薇薇可真懂事啊！"小华妈妈笑着夸薇薇。"哪里哪里，跟你家儿子学的。"王阿姨笑着说。四个人其乐融融地吃着晚餐，都觉得今晚很开心。

宴席吃饭是庄重的场合，因此，小华虽然平时爱跳爱闹，但在外出吃饭的时候为了表示对客人的尊重，仍然穿上了干净整洁的正装。在和妈妈的朋友见面时，他礼貌待人，获得了他人的认可。吃饭的时候，他先人后己，不忘对帮助自己的人说声谢谢，同时还注意到了应有的礼节礼仪，表现得很有教养。

礼貌是孩子们在成长时期必须学会的一种行为习惯的规范，比起学习成绩来，它对孩子的影响更加深远也更加持久，是孩子的修养最简单的体现。培养孩子成为有礼貌、为人谦让、性格刚强、气量大度的人，从人际交往来讲，这会让孩子更加受人欢迎，从孩子自身发展来讲，这有利于孩子自我成长、心理健康和人格健全。

具体应该怎么做呢？

1. 教导孩子仪表打扮要整洁得体

尽管他们还是孩童，但也会遇到毕业典礼、少先队入队仪式等比较庄重的场合，这时候一身庄重得体、干净整洁的衣服是他们的必备，这样既符合当时的氛围，同时也是对他人的尊重。

2. 言行举止要拿捏适当

同学们有时为了所谓的活泼、张扬、个性等，往往不分

场合地笑啊叫啊跳啊，但是要让孩子知道，人是存在于集体当中的，公共场所是自己的更是大家的，在影剧院、图书馆这些特殊场所尤其需要保持安静不能大叫大嚷，还要注意不能大声地咀嚼食物、不能乱扔垃圾，以免对他人造成干扰。举止的庄重得体是尊重他人的表现，也是自我修养的一部分。

3. 说话时要用文明用语

每一天孩子都会遇到各种各样的人，无论熟悉的还是不熟悉的，孩子都可能与他们有交流活动。而人类的交流主要就靠语言。因此文明得体的语言是进行有效交际的必需。上学对老师同学的问好，上课下课对老师提问的回答，回家之后对长辈们的问候，逢年过节对亲戚嘘寒问暖的回应，都需要孩子注意礼貌、文明说话。话语粗俗、言谈无甚品味是没有良好的道德修养的表现，这样的人也注定没有人愿意与他交往。

4. 发生冲突时学会谦让

中华民族自古以来就以"礼仪之邦"闻名于世，而人与人之间相处讲究谦让更是几千年的传统。一个梨子，不见得我们让给别人自己就没有了，孔融即便吃了一个小梨子又能吃多大的亏呢？假若为了争一个大梨子争执起来，那岂不是

更糟糕？所以，我们应教导孩子，在学校也好家里也好，假若别人和自己的利益有了冲突，不妨让一步。让孩子懂得自己失去的只是一个梨子，而得到的却是广阔的胸襟。

爱心面前无小事，事事都是大事

有爱心是好事，体现爱心的方式有很多，有的孩子认为在重大的事情上才能体现出爱心，往往忽视了生活中的小事。作为父母，我们应告诉孩子：其实，爱心面前无小事，事事都是大事。尽自己的力量，解决别人的小麻烦，时时处处都这样坚持下去，就是个有爱心的孩子。

牛牛是个小武侠迷，闲暇时喜欢看金庸的小说。小说中的英雄杀富济贫，受百姓爱戴，英雄的气概和大公无私的精神让牛牛十分崇拜，他经常幻想着有一天自己也成为救济一方百姓的大侠。

有一天中午，牛牛背着书包来到教室，这时离上课还早，教室里没有几位同学，只有班长李强拿着工具修课桌，牛牛放下书包，正准备跑到教室外边玩耍，这时，班长李强对他说："牛牛，等一下，和我一起帮同学修一下这个课桌

吧，它坏得都快散架了，我一个人修有点困难。"

牛牛停下脚步，看了一眼班长，不屑一顾地说："这种修理课桌的小事你一个人就够了，我是要做轰轰烈烈地救助百姓的英雄的。"

李强听了，笑笑说："你连自己的同学遇到了小问题都不愿意伸把手，还谈什么救助百姓，百姓需要你时，你又能做得了什么？"

牛牛听了，很不高兴地说："现在当然做不了什么，但是以后，等我长大了，你会看到的。"

这时在门外的班主任听到了他们的对话，笑着走进来，说："牛牛，你有这样的想法是不错，可是我们不能光想着做救助百姓的大人物啊！帮助别人，从身边的小事做起！而且，解决别人的小麻烦，对你这个想成为日后大人物的梦想也是一个练习。"

牛牛听了班主任的话，顿时醒悟了，不好意思地对李强说："我来帮你修课桌吧，你一个人修太慢。"

班主任笑着离开了教室，课桌在两个人的协作下一会儿就修好了。这时，离上课没有多少时间了，同学们都陆续来到了教室，坏了课桌的女同学看到自己的课桌被修好了，感激地看着李强和牛牛，牛牛第一次接受到这样的目光，心里

美滋滋的："原来自己不做英雄也可以受人爱戴呀。"

无论在家里还是在学校里，家长和老师都教育孩子要做一个有爱心的人。让孩子懂得：从身边的小事做起，小事虽小，但是实实在在地解决了求助人遇到的困难，真实地体现了他的爱心。并且，通过一件件小事的积累，爱心也一样在壮大，他在同学心目中的形象和"英雄"没有区别。在小事里有大爱，有无私的爱。那么，怎样教孩子从身边的小事做起呢？

1. 事事无小事，从思想上转变

让孩子把举手之劳的事都看作生活中的"大事"去对待，首先在思想上改变他的态度：只要能够帮助别人，替别人解决实际的问题，就是有爱心的体现。比如：同学的桌子坏了，去帮他修好；有同学忘记带水笔了，自己有多余的就借他一支用；有同学生病请假了，可以借笔记给他、帮助他补习等。这些都是生活中常发生的事情，事情虽小，可是会影响周围同学的学习，从这种意义上讲，不是小事。

2. 培养孩子的爱心"习惯"

教导孩子当有同学遇到小麻烦时，及时尽自己最大的能力给予帮助。长期这样坚持下去，有一天，我们会发现，关心别人成了孩子的一种本能。每当别人需要帮助时，孩子会

不由自主地做出友善的举动。这时，孩子已经成为一个有爱心的人。这个时候，他的爱心是发自内心的、是无私的。

3. 辨别"爱心"是关键

在学校里，同学们会遇到这样或那样的问题，我们要让孩子学会思考他的同学们是否都需要他的帮助，要让孩子建立一个衡量的尺度，想清楚自己的"爱心"举动对遇到"困难"同学的学习生活是否真的有利。比如，有同学没有按时做完作业，需要借孩子的抄写，这个时候，我们就要让孩子知道这不能帮了，这个"爱心"对别人是没有用的。辨别清楚情况再奉献"爱心"不迟。

以宽容的态度对待朋友偶尔的错误

孩子与朋友经常在一起，一起玩耍、一起学习，彼此之间接触亲密，总会产生一些不愉快的事情。我们要让孩子知道遇到这样的情况，也是正常的。这个世界上有这么多的人，他们因为缘分走到一起，这本身就是来之不易的事情。同时，任何人都不是完美的，人都是会有缺点的，这是现实，要让孩子学会正确面对。让他学会以宽容的态度对待

朋友偶尔的错误，是必要的。

马军和王海是一个班的同学，因为都喜欢踢足球而成了一对形影不离的好朋友，每天放学，他们都会去操场踢一会儿足球再回家，所以每次回家天都黑了。两个人的家离得比较近，所以总是一起走，一路上谈天说地，直到有一人快到家才不得不分开。

可是有一天，快到家的时候，小巷里突然蹿出两个不良青年，挡在了他们面前。这两个不良青年冷笑着让他们把口袋里所有的钱拿出来，并且说没有钱的话要用拳头给他们点教训。两个不良青年都长得魁梧高大，马军害怕得立马把身上所有的钱掏出来给了他们，可是王海今天在学校把钱花完了，拿不出钱来。不良青年以为他不想给钱，抓住王海就打，这时的马军吓坏了，愣了一下，掉头就跑了。之后，两个坏蛋因为搜不到钱，骂骂咧咧地走了。挨了打的王海忍着疼痛回到家，心里对马军的见死不救耿耿于怀。

第二天早晨来到教室，马军见到王海，关切地询问："王海，有没有受伤，有没有去医院看看？"王海嘲笑地说："你现在知道关心我了，早干吗去了？没想到你是这样对待朋友的，看我挨打，自己跑了，我没有你这样的朋友。"马军听了满面羞愧地说："对不起，王海，我是感觉

我们都不是他们的对手，所以我跑回家找大人去了，可是，等我再回去时，已经没有人影了，我就回家了，我真的不是要丢下你不管。你别这样对我好吗？"王海还在气头上，根本没有原谅马军的意思。之后，两个人再也没有一起踢球。

转眼间，一个学期结束了，元旦的班级联欢会上，马军出来表演了一个节目，节目结束后，他当着全班同学的面对王海说："王海，在我心里你一直是我的朋友，但是，由于我的懦弱，我们的关系发生了变化，这个变化，不是我想要的。希望在今天，在新的一年的开始，我们可以回到从前，请你原谅我曾经犯的错。以后我会更像一个朋友的。"

王海听到真诚的道歉以后笑了笑说："马军，其实我早都原谅你了，只是一直没有好意思开口。后来我想明白了，你没有错，是我太小气了，以后还是一起踢球锻炼身体吧。"说完就听到一阵热烈的掌声，同学和老师被王海的不计前嫌感动了。

我们要让孩子知道朋友之间，没有摩擦是不可能的，还有好多事情是他们承担不了的，像故事中的马军，因为不是不良青年的对手，紧急的情况下，忘了及时呼救，导致王海被打。马军错误的营救方式给王海带来了皮肉之苦，对王海来说马军显得很不义气，所以他一开始没有办法原谅马

军。不过，庆幸的是，最后王海还是原谅了马军，两人还是好朋友。要让孩子记住，如果因为朋友的一点错误就放弃友谊，他周围就会一个朋友也没有。那么，如何教孩子原谅朋友对他犯的错呢？

1. 多想想朋友的好

孩子平时大多数时间和朋友相处在一起，一起学习、一起玩耍。有了好吃的都想着给对方留一半，有了开心的事情一起分享，有了困难互相帮助。

如果因为朋友的一个小错误就放弃友谊，那就太可惜了。这个时候，让孩子多想想和朋友在一起时朋友对他的关心和帮助，他又怎么忍心放弃友谊呢？

2. 主动向朋友示好

故事里的王海其实早就想明白了，可是后来碍于情面，一直没有好意思开口讲出来。如果孩子遇到这样的情况，可以教他采用一些办法主动向朋友示好，比如，自己不好意思当面讲和，可以找第三位同学去跟朋友讲；可以用留纸条或打电话的方式讲和。因为这些方法不用面对面地说话，不涉及面子问题。相信朋友也会因为理亏而与他握手言和的。

3. 让孩子用自己的大度宽慰朋友

我们应让孩子明白，即使朋友做过对不起他的事，也是有原因的，不能片面地对待。要让孩子学会以宽容的态度原谅朋友的错误，他的大度会感动朋友，长期下去，他们的友谊会更加牢固。人无完人，孰能无过，更何况是朝夕相处的朋友，我们要让孩子学会用他的大度化解朋友对自己犯的错误，用他的人格魅力去感化朋友。

谦虚的孩子，求知欲更强

"谦虚使人进步，骄傲使人落后"是经常听到的一句话，容易满足的人，缺少求知的欲望，容易产生骄傲情绪。谦虚的孩子懂得人外有人、山外有山，具有较强的求知欲。谦虚会使孩子学到人生经验和处世方法，而拥有丰富的经验和得当的处事方法，孩子离成功的人生就不远了。

1835年10月31日，当东方刚刚发白时，在柏林的约翰·佐柯白中将的家中，突然传出一阵阵婴儿啼哭的声音。约翰看着这个小生命，脸上挂满了欣慰的笑容。这个婴儿名叫阿道夫·冯·贝耶尔，他后来成了世界著名的有机化学

家。现代三大基本染色素靛青、天蓝、绯红的分子结构，就
是贝耶尔发现的。

在阿道夫·冯·贝耶尔10岁生日那一天，他原以为爸
爸、妈妈会像其他小朋友的父母那样，为他热热闹闹地庆祝
一番。可是，母亲一大早就把他领到外婆家里，让他在那里
消磨了一整天，根本没有提过生日的事。贝耶尔很不高兴，
在回家的路上，一直嘟着嘴不说话，母亲见了，语重心长地
说："我生你的时候你爸爸41岁，还是个大老粗。现在他51
岁了，可还跟你一样，正在努力读书，明天还要参加考试。
我不愿意因为你的生日而耽误他的学习，时间对他来说实在
太宝贵了。你现在虽然还小，但也要学会珍惜时间。"

母亲的话语，如雨露一般，点点滴滴滋润着贝耶尔幼小
的心田。后来他回忆道："这是母亲送给我10岁生日的最
丰厚的礼品。父亲51岁了，都还在努力学习，我应该向父
亲学习。"

贝耶尔在大学读书时，有机化学家贾拉古教授的名字传
遍了德国。不过，那时这位教授还很年轻。一些科学界人物
总是提出这样或那样的问题挑剔他。有一天，贝耶尔和父亲
在一起闲谈，提起了贾拉古教授。贝耶尔说："贾拉古只比
我大6岁……"言外之意是这个人并没有什么了不起。

父亲听了很不满意，他对贝耶尔说："只大6岁怎么样，难道就不值得你学习吗？我读地质学时，老师的年龄比我小30岁的都有，我一样恭恭敬敬地称他们为老师，认认真真地听他们讲课。你要记住，年龄和学问不一定成正比。不管是谁，只要有知识，你就应该虚心向他学习。"在父亲的训斥下，他顿时明白了自己的不对，从此虚心学习，最后成为了著名的有机化学家。

贝耶尔在父母亲的熏陶下，从小就懂得了虚心求知的道理。大学时，学习优异的他对贾拉古教授表现出蔑视，在父亲的教诲下又重新意识到了自己的不足，并且及时改正，从此以后更加虚心学习，这才有了后来了不起的成就。贝耶尔的故事说明，谦虚对人的成长非常有益，那么怎样才能让孩子成为谦虚的人呢？

1. 在学习中多向别人请教

青少年时期，是求知的最佳时期，而知识是改变命运的最佳途径。父母首先应该让孩子明白学无止境，把知识比作海洋是有道理的，想一想浩瀚的海洋，无边无际，知识也同样如此，所以学到一些知识就骄傲自满是不可取的。教导孩子应该虚心向老师、同学请教，每位同学都有自己的强项，有数学学得比他好的，也有英语学得比他好的，这些同学都

是他请教的对象。

2. 在生活中学会礼让

教育孩子在生活中与他人相处时，应虚心学习他人身上的优点，取他人的长处弥补自己的短处，比如，他人身上的坚强、勇敢是他所不具备的，那么，就加强自己这方面的锻炼。如此一来，他也同样会变得坚强、勇敢。让孩子在生活中谦虚地面对每位朋友，朋友们会因感觉到他的虚心而更加喜欢他。

3. 在交际中保持低调

在人际交往中，如果过于强势，势必拒人于千里之外。即使孩子想和同学们一起玩，大家也不会接纳他。所以，让孩子低调一些，这样才能和同学、朋友打成一片，才能有良好的人际关系。这对于学习和生活有莫大的帮助。

第二章

教孩子做事先做人：心术正、不虚荣，前途才一片光明

父母在教育孩子的过程中不仅要开发孩子的智力，而且要教孩子学会做人，拥有良好的品质，才是一个人一生的财富，教会孩子做人的原则，培养孩子良好的品格，这样才会让孩子真正不输在起跑线上。

注重身教，引导孩子先做人

世事洞明皆学问，人情练达即文章。一个人成功的要素是多方面的，除了具备知识和能力以外，拥有良好的做人与做事习惯也起着关键性的作用。良好的习惯能帮助一个人迅速地融入团体，借助团队的力量，最大化地发挥自身能力，从而更加容易地实现自己的目标和抱负。这就是欲做事、先做人的原因。

因此，家长应该从小培养孩子良好的做人和做事习惯：真诚待人，认真负责地履行对他人的承诺，拒绝做冷漠、自私、不会与人交往的小公主、小王子；让孩子先学会做人，再学会做事，成为一个做事有条有理、讲求效率、善于合作的人，这样就能帮助孩子养成良好的习惯和品质，让孩子收获美好未来。孩子要想适应社会需要，必须与时俱进，就必须学会做人。作为21世纪的家长，要想教育好自己的孩子，必须树立正确的教育观念，掌握科学的教育方法。那么，家长到底该怎样让孩子学会做人呢？最重要的就是身教。

1. 不要以成人的做人标准教育孩子

家是孩子的第一所学校，良好的家庭环境对孩子起着重要的作用。良好的家庭环境并不是指家庭经济的富有，而是指家长为子女提供的良好的教育环境。父母是孩子的第一任教师，父母的言行，说话的语气和面部的表情、神态，生活作风，兴趣爱好，情感态度等都直接影响孩子。对人慷慨、受人欢迎的家长，孩子也往往很会做人。

可在教育过程中，许多家长在这些方面不注意，以成人的思维习惯和标准要求孩子什么能干，什么不能干，甚至告诫孩子不能无缘无故送别人礼物，要苛求回报，这样下去，必然会扭曲了孩子与人交往的目的，扼杀了孩子天真的童心。

2. 要在诚实守信方面做孩子的表率

不良风气容易污染孩子的心灵，要让孩子保持美好的心灵，我们就要维持良好的家庭风气，在家庭教育中一定要注意诚实守信，答应了孩子的事情一定要做到，万一做不到就要向孩子解释原因。现在的家长容易犯一种所谓德育虚伪性的错误，他们会要求孩子做诚实守信的人，可自己的所言所行却有违诚信，显得没有说服力。家长的身教比言传更为直接、重要。有些家长常常会不自觉地在孩子面前撒谎，孩子

就觉得撒谎是对的，所以家长要做诚实的人，即使在迫不得已的时候，至少做到不当着孩子的面撒谎。经过父母身教的孩子也必当是个诚实守信的人。

3. 在真诚待人方面要做孩子的表率

很多孩子都是独生子女，他们是一家的中心，从小养成了唯我独尊的观念，不能与他人分享，只知"人人为我"，不知"我为人人"。为纠正其观念行为，家长就要在平时的家庭生活中着力营造和谐的家庭氛围，做到家庭成员之间互相尊重、平等相待，还要在社会生活中建立良好的人际关系，尊重他人，平等待人，能与他人分享。

4. 在尊重他人方面做子女的表率

为使孩子成人、成才，许多家长视孩子为自己的私有财产，"望子成龙""望女成凤"心切，对待孩子或溺爱姑息，或简单粗暴，这很容易使孩子心理扭曲。作为家长首先要尊重孩子，努力创设家庭的民主氛围。同时，不能一味讲家长权威，要注意和孩子进行思想交流与情感沟通。

这些品质都是孩子成功做人的前提，家庭教育首先要进行的就是"人的教育"，其次是在人的教育基础上进行"人才教育"，也就是父母要先教育孩子怎样做人，再教育孩子怎样成才，从而使孩子懂得在未来社会中怎样做事。教孩子

学会做人是第一步，会做人的孩子才能以健全的人格和完美的品质获得别人的喜爱，才能活得更加轻松、自在！

诚实守信，才能得到别人的尊重和信任

小东一直是个乖巧的孩子，可是，最近他居然挨了爸爸的一次打，这是怎么一回事呢？

那天下午，他的父母在观看画展时，巧遇小东的班主任江老师，江老师谈起小东的学习，自然谈到刚刚考过的期中考试。江老师说："小东这次成绩不太理想，只考了第九名。"小东爸爸说："听小东说，好像是第三名，从成绩上推算也应是第三名。"江老师肯定地说是第九名。

看完画展回家，父母问小东这是怎么回事，小东觉得纸包不住火，便把实情告诉了父母。

原来，在上个学期小东成绩是班内第一。入三年级后由于学习松懈，参加活动过多，成绩有些下滑，小东在期中考试中仅名列班内第九。可能是由于虚荣心太强，怕父母责怪，于是小东涂改了好几门课的成绩，使总分排在班内第三。小东的爸爸由于当时心情激动，狠狠打了小东，对他

说："不管考第几名，爸爸、妈妈都不会责怪你，关键是你不诚实，用假成绩哄骗家长，实际上也是自欺欺人，这样的孩子将来怎么能有所成就？"

可能涂改成绩对于一个成长阶段的孩子来说，并不算什么大事，但这却涉及他们人格塑造得是否完善。

在中国伦理的范畴中，诚，本义为诚实不欺，真实无妄，它包含着对己、对人都要忠诚的双重内涵。诚信作为中华民族几千年积淀下来的传统美德，为人们所崇尚。而通常我们认为影响孩子诚信品质形成的因素主要在家庭、学校和社会三个方面。其中影响最大，持续时间最长的当属家庭教育。如何改变孩子撒谎的习惯、使之成为一个诚实的人，是值得家长们去探讨的问题。

那么父母该怎样教孩子诚实守信呢？

1. 父母要以身作则，不要撒谎

有这样一个笑话，一位爸爸教育孩子："孩子，千万别撒谎，撒谎最可耻。""好的，爸爸。我一定听您的。""哎哟，有人敲门，快说爸爸不在家。"试想，这样教育孩子，孩子能诚实吗？

美国著名心理学家大卫艾尔金德认为：要想让孩子有教养、守道德，父母必须先成为一个品德高尚的人。有的父母

在孩子面前说的是一套，自己做的又是另外一套，他们以为没有被孩子识破，孩子就会表现出诚信的行为。殊不知，这样的父母所营造的氛围也让孩子成了说一套做一套的人。因此，家长应时刻检点自己的言行，从日常生活中的点点滴滴做起，不要撒谎，只有这样，对孩子的诚信教育才会有实效。

2. 父母要及时地肯定和鼓励孩子诚信的表现

孩子在成长，思想和品德都未定型，家长应该抓紧实施诚信教育，时时事事都不放过，让他们从小获得一张人生的通行证——诚信。

人人都渴望被肯定，孩子也不例外。为了满足这种渴望，他们在与他人交往的时候，一般都会勇于自我表现，父母在这方面应该创造条件，给予他们积极的引导。当孩子有了诚信表现时，父母应及时给予肯定，强化诚信的行为效果，不断加深诚信在孩子头脑中的印象。日久天长，诚信习惯自然而然就会形成。

3. 掌握批评的艺术，及时纠正孩子不诚实的行为

孩子说谎，家长往往非常生气："小小年纪，怎么学会了说谎？长大成人后岂不成了骗子！"家长为孩子的不诚实而担心是有情可原的，但在批评孩子的时候，是要讲究方

法的，这样才会行之有效。首先，不能损伤孩子的自尊心。家长要弄清楚孩子不讲诚信的深层原因，千万不可盲目地批评。在此基础上，还要及时对他进行单独的批评以避免不诚信行为继续发生。其次，要让孩子心服口服。不要用粗暴的方式来对待孩子，否则会把孩子推向不诚信的深渊，使他下次编出更大的谎言来骗人。

4. 和孩子建立真诚和相互信任的关系

父母要求孩子说话算数，那么父母对孩子首先要说话算数。如果确实无法实现对孩子的承诺，一定要向孩子解释原因。这样孩子才能对诚信的重要性有一个深刻的印象和理解，也才会信任家长，有什么事、有什么想法都愿意告诉家长。

及时矫正孩子的"偷窃"行为

刘先生家境不错，儿子刘杰的零花钱也一直不缺，但最近，刘先生却被叫到了警察局，原来是儿子偷东西了，为什么会这样呢？事情是这样的：有一次，刘杰到好朋友小伟家去玩，发现小伟家有一架很逼真的玩具望远镜。刘杰想知道

这架望远镜究竟能看多远，就向小伟请求借来玩玩，没想到小伟不答应。刘杰很生气，就想故意偷走这架望远镜，好让小伟着急。果然，找不到望远镜的小伟像热锅上的蚂蚁，刘杰这下子得意了。

从那次之后，刘杰就产生了一种很奇怪的心理，他觉得偷别人的东西，能获得一种快感，班上很多同学的文具都被他偷过。而这次，他在逛超市时，因控制不住自己，从货架上偷拿了一些并不贵重的物品，他刚准备把它们放在不易被发现的地方带回家时，就被超市老板抓住了。

像刘杰这样的孩子并不多，但却很有代表性。实际上，一些孩子偷别人的东西，并没有什么明显的目的，纯粹是给别人造成困难而使自己获得快感。这些孩子当中，有的会盗窃经济价值不大的物品，随后便把窃得的东西扔掉、损毁或随便送人。这样的行为让很多父母很是头疼。

儿童心理学家对那些有过偷盗行为的孩子进行了调查，发现这些孩子多半都有一些共同的经历：学习压力大，和父母、老师关系处不好，没有可以交心的朋友，喜欢上了一个异性却被拒绝。这些经历都可能让他们产生想偷东西的念头。

其实，每个孩子都想成为同龄人中的佼佼者，成为父

母、老师的骄傲，可事实上，很多孩子都难以做到，于是，其中的一些孩子感到自己被人忽视了，干脆沉沦堕落。也有一些孩子，成绩优秀，但每一次优秀成绩的取得，都经历了心灵的煎熬。正因为他们备受瞩目，所以他们很累，于是放纵的想法就在心里蠢蠢欲动，他们更羡慕那些不用考试、不用面对老师和家长严肃面孔的孩子，很快，他们尝试着抛开一切，松懈学习，放纵自己。

孩子在刚进入学校学习时，都是聪慧的，但是他们的心理发展和生理发育往往不同步，具有半成熟、半幼稚、叛逆等特点。在他们心理素质发展的这个关键阶段，父母应当引起重视，对有不良行为的孩子既不能生硬批评而引发他们的叛逆情绪，也不能任其发展而让他们走入歧途。如果孩子有偷窃行为，父母在教育的过程中，需要注意以下几点。

1. 孩子有偷窃行为，绝不能打骂

孩子偷了东西，并不代表孩子就是真的"坏孩子"，更不能给孩子贴标签，但是也不能放任不管。

如果父母确定孩子真的偷了东西，那么，要帮助孩子将事情的影响降到最小。有的家长认为只有"打"才是改正"偷窃"行为的最好对策。其实错了，打孩子会疏远父母与孩子之间的感情，会让孩子感到孤独，感受不到家庭的温

暖，甚至不敢回家，流浪在外，与社会上的不良青年交往，被他们所利用，最后走入歧途，甚至触犯法律。

2. 细心观察，防患于未然

日常生活中，我们一定要随时观察孩子的思想动向，如果孩子的零花钱突然多了，父母一定要重视起来，因为这意味着孩子可能偷东西了。假如出现这种情况，我们要仔细排查，不管运用什么方法，其目的只有一个：动之以情，使他自己露出破绽，承认错误，但不能伤害他的自尊心，如果事态的发展允许我们对他的错误行为进行保密，那么，我们一定要坚守对他的诺言。否则就失去了再一次教育他的机会，他也不会再相信你了。

3. 培养孩子的是非观念，让孩子知道偷东西是可耻的

也许你从前已经教育孩子要知道什么是是非，但孩子极其容易受到影响而发生改变，因此，父母一定要经常对孩子进行正确的是非观念的培养，要让孩子知道偷东西是可耻的，同样的事是不容许再次发生的。对有偷窃行为的孩子进行矫治，必须先从帮助他形成正确的是非观念、增强是非感开始。

总之，如果我们发现孩子偷了东西，切不可急躁，既要批评，又要耐心说服，使孩子受到教育，感到内疚，这样，孩子才会自觉改正！

让孩子踏实做人，不盲目攀比

11岁的米米长得很漂亮，弹得一手好钢琴，是个人见人爱的女孩。但是，她也是个十分"奢侈"的孩子，穿的衣服不是耐克就是阿迪达斯，总而言之，从头到脚都是名牌。有些时候父母给她买来不是名牌的衣服，不管多好看，她都一概不穿，还为此哭闹了很多次。

父母对她这点也十分头疼，实在不明白为什么孩子这么小就如此热衷于名牌，而米米的理由就是："让我穿这些，我怎么出去见人啊？我的同学都穿名牌，我要是没有，人家会笑话我的。我不穿，要不我就不去上学。"

不仅如此，米米还逼着爸爸给她买手机和高档自行车，原因是"同学都有"。

米米不是一个特例，这种现象在现代社会中非常普遍。很多出生在经济条件稍微好一些的家庭的孩子，从小就习惯了玩高档玩具，吃洋面包，穿名牌衣服，然后同学之间也相互攀比，比谁的衣服牌子更有名、谁的自行车更高档、谁爸爸的车更气派。

这是典型的攀比心理，对孩子的成长有着消极的影响。事物的发展都是由量变到质变的，如果父母掌握不好孩子物

质享用的尺度，听之任之，就会让孩子陷入物质追求的泥潭无法自拔。他今天可能要求买高档玩具，明天则有可能要求买更奢侈的东西。长此以往，当孩子日益增长的要求无法得到满足的时候，孩子可能就会为了满足虚荣心而抵挡不住社会上的各种诱惑而走向歧途。

虚荣心会妨碍孩子的健康成长。孩子爱虚荣，有碍其真正的进步，甚至会使其形成嫉妒成性、冷酷无情的性格。

也许很多父母都看过法国作家莫泊桑的小说《项链》，小说的女主人公叫玛蒂尔德，她被资产阶级虚荣心所腐蚀而导致青春丧失。家长如果不希望自己的孩子被虚荣心侵蚀，甚至成为玛蒂尔德那样的人，就要从现在开始，细心留意孩子的行为，对于孩子过于讲究穿着的现象不能掉以轻心、任其自然，更不能盲目迁就、助其发展，而应该加强对孩子的健康审美教育，正确引导，帮助他们改正不良消费观念和消费行为，形成正确的消费观念。

为此，儿童心理学家给了我们这样一些建议。

1. 以身作则，提高孩子的审美情趣

孩子的很多行为观念是受父母影响的，尤其在审美情趣上。如果父母盲目追求名牌或者奇装异服等，孩子自然上行下效，也形成不良的消费观念。而如果父母穿衣讲究得体而

不追求名牌，孩子自然会形成健康的消费观念。例如，妈妈告诉孩子："这件衣服虽然不贵，但穿在你身上还是很好看的！"这样，孩子就会认为，衣服不一定贵才好看。

另外，现在很多家长有炫富心理，认为现在生活条件好了，不必省吃俭用。孩子是自己的招牌，让孩子吃好、穿好，面子自然就有了，其实，这也是对孩子思想观念的一种误导。

2. 转变孩子的攀比兴奋点

孩子有攀比心理，说明他内心有竞争意识，想达到与别人同样的水平或者超过别人。我们要抓住这种心理，引导孩子把这种比较从物质上转变到学习、才能、毅力、良好习惯等方面上。

当然，我们要注意的是：改变攀比兴奋点不是一件容易的事，重在引导，而不是生拉硬拽地让孩子转移自己的攀比兴奋点。例如，当孩子和同学比穿着的时候，有些父母生硬地说："人家有钱，你家没钱，有本事你就和人家比学习，将来超过他，赚大钱了自己买新衣服。"这样的话只能让孩子感到不如他人，甚至让孩子产生自卑心理。

3. 让孩子认识到学习才是他的天职

我们应教育孩子集中精力搞好学习。要通过教育，使孩

子明白自己是一名学生，而学生的主要任务是学习，他应把主要精力放在学习上。孩子攀比，我们可以告诉他，应该与同学比成绩、比品德等，而不是比吃穿，以德服人才是真正的优秀。这样，孩子就会把攀比的焦点放在学习上了。

4. 帮助孩子充实内在，淡化虚荣心

有些父母认为，孩子现在的主要任务就是学习，当然，这是正确的，但我们不能把全部的目光都只放在提高孩子的学习成绩上。只有充实孩子的内心世界，他才不会盲目与人攀比。

例如，我们可以为孩子购买一些能充实他内心的书籍，这样，孩子就不是一个"绣花枕头"，他爱上看书，自然也就不会整天琢磨外表或其他的事情了。

总之，攀比也是很正常的心态，每个人都或多或少有攀比心理，包括成人。良性的攀比能使人奋发。然而，有攀比心理的孩子如果没有父母的帮助和指点，很容易因盲目攀比而误入歧途。

因此，家长要引导孩子，让孩子不要在物质上比，而是要比学习、比品德、比做人的本领、比对集体的奉献、比各自的理想、比自己的特长，在这样一种良性的竞争中，孩子一定会健康地成长！

适当"吃苦"，不忘艰苦奋斗的美德

一位世界著名的儿童心理卫生专家说："有十分幸福童年的人常有不幸的成年。"很少遭受挫折的孩子长大后会因不适应激烈竞争和复杂多变的社会而深感痛苦。每个人来到世间，都要面对两个基本问题：一是生存问题，肉体要能存活；二是人性的升华问题，要保持良好人格。我们不可能回到贫穷时期来进行锻炼，但我们可以借着教育的力量来拒绝堕落，建立和保持良好的人格。很多孩子在这样一个物质生活水平急速提高的社会，形成了一种"唯钱是亲"的不健全人格。这些孩子形成这种不健全人格的主要原因是：生活环境过于优越，不知道何谓"吃苦"。我们不妨先来看看下面的场景。

小伟的妈妈下午买菜回来，就急急忙忙地拿了一袋"好东西"到小伟房里。

"小伟，你看我买了什么？我给你买了几件新衣服喔！"妈妈说。"我才不要咧！全都是'撒切尔牌'（意指在菜市场买的商品）的，穿出去很丢脸耶！"小伟任性地回答。面对任性的小伟，妈妈说："你怎么这么说？从小就要学节俭，免得长大后有麻烦！"

小伟的这种态度，其实，生活中并不少见，这些孩子逐渐变得虚荣心强，认为金钱至上，甚至认为金钱的价值超越了亲情和友情的价值，金钱是衡量一切的标准。当然，这与父母的教育有关。

今日经济蓬勃发展，人们的消费水平也相对提高了，但消费水平的提高并不意味着奢侈的开始、价值观的扭曲，并不意味着追求金钱、享乐、挥霍无度的腐败风气。

父母作为孩子成长的坚实后盾，永远在孩子的身后给予他最多的支持与信任。但有些父母只给予孩子最大的物质享受，把对孩子的爱全部化为金钱的形式，什么都为孩子承担的做法是不负责任的。对于很多本来可以动用脑筋和双手解决的问题，这些父母会用金钱的方式来解决。他们在不经意间剥夺了孩子独立成长的权利。孩子总有一天必须要独自面对生活，但这些父母的"爱"就成了孩子独立的杀手。金钱万能的观点会让孩子失去锻炼的机会，事事依赖金钱的心理也往往使孩子经不住社会大潮的洗礼，无法真正成长。为了避免让孩子形成事事依赖金钱的观念，教育专家建议父母应该从以下几个方面努力。

1. 父母要让孩子树立一种正确的金钱观

有很多东西都是金钱买不来的。例如，"一寸光阴一寸

金，寸金难买寸光阴"，金钱能买到钟表，但买不到时间；金钱能买到书本，但买不到知识；金钱能买到朋友，但买不到友情……

2. 让孩子体会挣钱的不易

一些孩子之所以大手大脚花钱、喜欢和别人攀比，是父母从未曾教育过他们要勤俭节约。父母对他们宠爱有加，钱袋永远向他们敞开着，他们根本就不知道金钱需要通过劳动来获得，认为只要自己伸手，父母就能拿出钱来。我们要想让孩子勤俭节约，就要让他们知道金钱来之不易，这样他们才会知道节省。我们来看一个例子：

一个周末的下午，小雨要爸爸带她逛商场。她看中了高档的衣服，还要高档的玩具，爸爸不给买，她就噘着嘴不理爸爸了。

爸爸看到女儿这样，想到了一个卖衣服的同学，一个好办法在他心里涌现。他说："小雨，你想要买东西，爸爸可以给你买。但是，你得先答应帮爸爸一个忙。"小雨听爸爸这么说，爽快地答应了。

"爸爸有个同学是卖衣服的。这样，你先跟叔叔去卖衣服。帮叔叔卖出去10件衣服后，爸爸就给你买刚才你看上的那些衣服和玩具。"从没卖过衣服的小雨很高兴，觉得很新

鲜，立即回答爸爸："好啊好啊，卖10件衣服很简单嘛。咱们快走，找叔叔去！"

于是，爸爸把小雨带到卖衣服的叔叔那里，小雨就一本正经地跟叔叔站在一起，帮助叔叔卖衣服。虽然小雨和叔叔每次都很热情地招呼顾客，可一个多小时过去了，一件衣服也没卖出去。小雨难过得不得了，没想到卖衣服这么难。而当天下午，小雨和叔叔的生意有所好转，卖得很好，当爸爸拉着小雨的手要去买衣服时，小雨摇着头说："爸爸，我不要那些东西了，就从叔叔这里买一条便宜点的裙子吧。挣钱太难了。"

小雨的爸爸是个教育女儿的有心人。生活中，很多父母总是苦口婆心地教育孩子要节俭："女儿啊，你一定要省着花呀。爸爸每天出去工作，好辛苦啊。""孩子，爸爸挣钱不容易啊，你不要再买那么贵的衣服了。"其实千言万语，都没有让孩子去亲自体会一下挣钱艰辛的效果来得好。

3. 养成艰苦奋斗的作风

"大富由天，小富从俭""聚沙成塔"都说明了节俭在生活中的重要性，而要真正聚集生活的财富，除了要"开源"，还要"节流"。但别忽略了"当用不省"的道理，否则就会成了"守财奴""铁公鸡"，有可能委屈自己又影响

了生活质量，还失去了助人行善的机会。父母要教育孩子把金钱用在刀刃上。例如，可以带孩子经常参加一些社会公益活动，让他认识到金钱的真正价值。

总之，现代社会消费水平发生变化，我们要引导孩子形成一种正确的金钱观，而不是让生活水平的提高成为孩子奢侈的开始。我们要教育孩子正确地认识金钱，不忘艰苦奋斗的美德，才能有朝一日，放开孩子的手，让他独自面对人生！

别嫉妒，参与良性竞争

丹丹妈妈有一天正要走出小区，准备上班，碰到了楼上的邻居，这个邻居的儿子也刚上小学，和丹丹一个学校。

邻居对丹丹妈妈说："现在的孩子，怎么小小年纪就有嫉妒心呢？对门张姐的女儿成绩好，我无意中夸了一句，我儿子就愤愤不平地说：'老师包庇她。'开始我也没当回事。期末考试前，那女孩的几张复习的试卷丢了，就来我们家，向我儿子借着复印，儿子一口咬定卷子借给表妹了。可是我儿子根本就没有表妹，而且，那天晚上，我看见我儿

子的书桌上竟然有两份复习试卷，很明显，那女孩的试卷是被我儿子偷了。我当时真是六神无主了，我儿子怎么会这样呢？我意识到问题的严重性，焦虑万分，因为任何思想成熟的人都明白'嫉妒是思想的暴君、灵魂的顽疾'，我想帮助我儿子改掉嫉妒的陋习，可我真不知道怎么办？丹丹妈，你说我该怎么办？"

几乎每个人都会与人交往，在与人交往的过程中，有时候会不自觉地与他人作比较，当发现自己在才能、体貌或家庭条件等方面不如别人时，就会产生一种羡慕、崇拜、奋力追赶的心情，这是有上进心的表现。但有时与他人作比较后也会产生羞愧、消沉、怨恨等不愉快的情绪，这就是人的嫉妒心理。

每个人都有几个朋友，不只是成人，孩子也如此，但似乎孩子与朋友间总有一个对友谊的最大的威胁——嫉妒，因为在同龄的孩子之间，往往免不了竞争，所以，一些孩子在面对比自己优秀、比自己成功的朋友时，就会产生心理不平衡的情况，"和他做朋友，感觉自己像个小丑一样，简直是他的附属品"，这种心理很多孩子都有过。

作为孩子的第一任老师，父母在培养孩子健康的竞争心态上起着极为重要的作用。在培养孩子竞争意识的过程中，

要让孩子明白，竞争不应是狭隘的、自私的，他应具有广阔的胸怀；竞争不应是阴险的、狡诈的，不应暗中算计人，而应以实力超越。竞争不排除协作，没有良好的协作精神和集体信念、单枪匹马行事的人是孤独的，也是不易成功的。为此，我们可以这样引导孩子。

1. 让孩子认识到嫉妒心理的危害

只有改变孩子的认知，让孩子认识到嫉妒的危害性，他才会有意识地克服嫉妒心。那么，嫉妒心的危害有哪些呢？我们不妨为孩子列出以下几条。

（1）对自己来说，嫉妒是一种自我折磨，因为嫉妒憎恨别人又无法启齿。这样，只会让自己在痛苦中煎熬。有人曾说过嫉妒心是不知道休息的，它具有最持久的消耗力，会直接影响到人的身体健康。不仅如此，心怀嫉妒的人，往往妒火中烧，忧心忡忡，他们会把这种消极情绪转化为行动，例如，通过对被嫉妒者冷言冷语、背后说坏话、故意挑毛病等方式，令对方难堪，这也往往会使他们的人际关系变差。

（2）对别人来说，被嫉妒者往往因遇到挫折能勇敢进取而更显优秀。你故意伤害你嫉妒的人，只能激发对方的斗志。对方会更加进步，而你则停留在嫉妒中不可自拔，可见嫉妒无损他人只会妨碍自己进步。

（3）嫉妒是丑陋的。从近处说它破坏友谊。集体中大家互相学习、互相帮助、共同进步，多么令人愉快。嫉妒者不顾同学之情、朋友之谊，为发泄憎恨而干损人不利己的蠢事，结果只能被集体嘲笑和孤立。从远处说，一旦道德堕落，因嫉妒而干出伤天害理之事，还将受到社会谴责、法律惩处。

2. 教育孩子在竞争中要学会宽容

现实生活中，部分在竞争中失败的孩子，往往会流露出不高兴的情绪，会对对手充满敌意。这是因为这些孩子还不能用正确、积极的态度面对竞争。这就要求我们在培养孩子竞争意识的同时，还要培养孩子良好的竞争心态，要告诉孩子，在竞争中要宽容待人，让他明白竞争应该是互相接纳和包容的，而不是狭隘和自私的。

3. 教孩子在竞争中合作

竞争越是激烈，合作意识就越是重要。唯有竞争没有合作会使自己被孤立，带来同学关系的紧张，给自己平添许多烦恼，对生活和事业都非常不利。

例如，我们可以告诉孩子："这次足球赛中，××队的确赢了，但你发现没，他们队合作得非常好，实际上，你所在的团队每个队员各自都有非常好的优势，但你的团队却

有个缺点，那就是你们好像都只顾自己，这是团队赛中最忌讳的。"

　　总之，我们培养孩子的竞争能力的同时，也要让孩子明白：只有与嫉妒告别的人，才有可能获得最后的胜利，取得优秀的成绩。

第三章

谦逊有礼收获人缘：孩子的社交能力需要从小培养

　　越来越多的父母开始重视培养孩子的社会交往能力，所谓社会交往能力，就是恰当而有效地与周围环境中的人们进行交往的能力。培养孩子的社会交往能力，对他成长有非常好的益处。

鼓励孩子克服胆怯，勇敢走出家门

现代社会，任何一个人都需要具备一定的社会交往能力，一个人的价值很大一部分是在社会交往中实现的。很多父母也已经认识到这一点，并开始着手培养孩子的这一能力。假如，孩子在成长过程中，由于某方面的限制，如不自信，而难以与别人进行有效的沟通，那么孩子在社会交往中遇到障碍时，他可能就会因自己的敏感和脆弱而被击垮，让他完全不能认同这个世界。父母要建立孩子迈向社会的桥梁纽带，帮助孩子完善自己的交际能力。

我们教育孩子，除了给孩子提供轻松舒适的生长环境、优越的生活条件以外，还需要教会孩子如何自信地与人交往，一个落落大方、平易近人的人才能赢得别人的赞同、尊重和喜欢，才不会孤独。家长要明白的是，孩子的交往能力，需要从小培养。

"我女儿5岁半了，很可爱，就是特害羞，就算碰到熟人也一样，有时甚至还会害羞得哭闹起来。我也跟她讲了很多道理，可还是不管用。这该怎么办？"

这是一位妈妈对儿童心理学家说的话。5岁正是孩子初步进行社会交往的阶段，孩子在这个阶段会学习如何面对家人以外的人。在这之前他的身体还不够自如，语言表达也比较简单，更多地需要成人来猜测他的意愿，可以说，他的生活处处依赖成人。而孩子到了5岁以后，基本都开始上幼儿园，会接触到很多的同龄小伙伴，生活范围一下子扩大了。这时，他们需要自己面对很多的"陌生人"，这就需要一个适应的过程。

但不同的孩子具有不同的气质类型，有些孩子性格内向，会有点害羞，而有些孩子性格外向，可能在交往中比较大胆。气质性格类型没有好坏之分，只是表明了孩子对待世界的方式不同。但我们一定要注意孩子的心理成长，别把孩子的不自信当成孩子的内向和害羞。一旦发现孩子不自信，就需要根据孩子的特点进行引导，让孩子喜欢上交往、擅长交往。如果孩子不擅社交或不自信也不必过于担心，这个年龄段的孩子可塑性很大，及时正确引导，是完全可以达到效果的。

那么，我们具体应该怎么做呢?

1.给孩子与人接触的机会

我们可以带孩子参加故事会、联欢活动等，还可以经常

带孩子走亲访友，或把邻居小朋友请到家中，拿出玩具、糖果、画报，让孩子慢慢习惯和别的孩子交往。孩子通常需要安全感，所以起初有家长在一旁陪伴，会让他比较放心。

2. 多进行积极引导，避免强调孩子的弱点

如果家长说，"我的女儿胆子小、不自信、走不出去"。实际上这是强调孩子的弱点，结果是："胆大"的孩子更"胆大"，"害羞"的孩子更"害羞"。有的家长会有意无意地说："你看人家妹妹都会打招呼，你怎么都不会说呢？"这样的比较，反而会伤害孩子幼小的自尊心，让他们更加害羞，更加不愿意说话。所以不要轻易拿孩子去和别人比较，要相信自己的孩子就是最棒的。

当有其他人问候孩子时，我们可以让孩子自己来回答，不必代替孩子来说。如果孩子不愿意说，我们可以适当引导，如"小朋友跟你问好了，你该怎么回答啊？"孩子自己与"陌生人"交流以后，逐渐就会胆大和自信起来。

3. 教给孩子一些交往技巧

教给孩子一些交往技巧是让孩子逐渐自信起来的最佳办法。例如，我们可以教孩子带着有趣的玩具走到其他小朋友的身边，这能让他吸引别人的注意；教他做与其他小朋友一样的动作，这会让他得到友好的回应；孩子想玩别人的东

西，就教他说："哥哥姐姐让我玩玩好吗？"让孩子自己去说，哪怕是家长教半句，孩子学半句也好。如果得到了满意的回答也别急着玩，要让孩子学会说"谢谢"。如果得不到满意的回答，我们可以打圆场，转移孩子的注意力。我们要明白，在集体里，孩子经历失败是很平常的，我们现在教会孩子一些交往技巧，以后孩子独立面对失败时就不会承受不起。

4. 及时表扬孩子

孩子在交往中迈出每一步都需要父母的支持与鼓励。当孩子能大胆与其他人进行交往时，及时的表扬会让孩子更加自信，更乐于去和别人交往。

5. 让孩子多做些运动

研究表明，无论对于男孩还是女孩，运动都能够增强自信心，发展交往能力。家长也不妨多和孩子玩一些体育运动，如球类游戏、赛跑游戏等。在大人与小孩子，或者孩子与孩子互动玩乐、运动的时候是孩子最放松的时候，也是引导他与人交流的最好时机。

一个会交往的孩子才会有朋友，才不会孤独，家长需要教给孩子与人交往的本领，让孩子自信一点，这会让他受益一生！

引导孩子形成良好的交往品质

以下是一个四年级男孩的日记："我的性格还是比较外向的，长相虽然算不上出众，但是自我感觉还可以。学习也不错，班里前十名，可是就是人缘不好。感觉周围的男生好像都很反感我，看到他们和别的女生玩我也想去玩，可是却不知道怎样加入他们。听我一个好朋友跟我说，他的同桌跟他说比较反感我，也没有说原因，还说不许我那个好朋友告诉我。我虽然是知道了，可是也很无奈，也许是因为我说话不讨别人喜欢吧，我真的不知道该怎样和同学们交谈，怎样才能让别的同学喜欢和我说话，怎样才能和同学们有共同语言。我到底该怎么办？"

可能不少家长也听到孩子有过这样的苦恼："不知道怎样才能被同学和朋友喜欢。"的确，孩子也希望交朋友。不受同学欢迎、人缘差，是困扰孩子的一个问题。

对此，我们要告诉孩子，受人欢迎的万人迷一定是有人人喜欢的性格、品质，而如果不被人喜欢，就要从自身寻找原因，有针对性地改变自己。例如，可以这样说："你可以先和好朋友聊聊原因，再自己回想一下自己在哪方面做得不太好，也可以让他们帮忙问问班里的其他同学为什么不喜欢

你。你也可以拿张纸出来，写出你认为班上受欢迎的男孩交际好的原因，比方从他的说话方式、内容等分析，再与自己做对比，就能找出自己不受欢迎的原因了。"

父母不但要成为孩子学习上的指导者，更要成为他们成长路上的知心朋友，孩子有了烦恼和困惑后，我们要为其排忧解惑。

孩子都想成为受人欢迎的人，对此，父母要引导孩子形成良好的交往品质，这些品质包括以下几个方面：

1. 自信

自信是人际交往中十分重要的一个品质，因为有了自信，才能将自己成功地推销给别人认识。无数事实证明，自信的人更容易赢得他人的欢迎。自信的人总是不卑不亢、落落大方、谈吐从容，而决不会孤芳自赏、盲目清高。这样的人能对自己的不足有所认识，并善于听取别人的劝告，勇于改正自己的错误。培养自信要善于"剖析自己"，发扬优点，改正缺点，在社会实践中磨炼自己，使自己尽快成熟起来。

2. 真诚

"浇树浇根，交友交心。"想要交到真正的知心朋友，就要学会真诚待人，真诚的心能使交往双方心心相印，彼此肝胆相照。真诚能使友谊地久天长。

3. 信任

在人际交往中，信任就是要相信他人的真诚，从积极的角度去理解他人的动机和言行，而不是胡乱猜疑，在心里设防护墙。信任是相互的，信任别人，你也会获得别人的信任。美国哲学家、诗人爱默生说过：你信任人，人才对你信任。以伟大的风度待人，人才表现出伟大的风度。

4. 自制

与人相处时，经常可能会因意见不同、误会等与别人发生摩擦冲突，而面对摩擦，学会控制自己的情绪，就能有效地避免冲突，"化干戈为玉帛"。青春期的孩子，要想克制自己，就要学会以大局为重，即使是在自己的自尊与利益受到损害时也是如此。但克制并不是无条件的，应有理、有利、有节。为一时苟安，忍气吞声地任凭他人无端攻击、指责，则是怯懦的表现，不是正确的交往态度。

5. 热情

热情的人总是不缺朋友，因为别人能始终感受到他给的温暖。热情能促进人的相互理解，能融化冷漠的心灵。因此，热情待人是促进情感沟通和人际交往的重要心理品质。

人际交往确实是一门学问。在教育孩子的过程中，我们不仅要让孩子学习到文化知识，更要着力培养孩子好的性格

与品质，这样，孩子在未来的人生道路上才会有更广泛的人际关系，获得更多人的支持和帮助。

正面引导，从小培养孩子懂得谦让

不少家长发现，儿童之间常常因不会谦让或不肯谦让而发生矛盾，有些家长也不把这些小事放在眼里，反而因为自己的孩子强抢到玩具而高兴，认为自己的孩子"聪明伶俐"。但是，这些父母似乎都忽略了孩子之间的不谦让，会给他们的人际关系带来负面影响。我们中华民族几千年来，都认为谦让是一种美德，许多启蒙读物如《三字经》等，都把"礼让"作为教育孩子的一个重要内容。人与人交往时的礼让也是社会文明的体现。

但生活中，我们经常看到这样的场景：两个孩子在一起玩，家长总希望哥哥让着弟弟妹妹，有些孩子为受表扬而谦让，也有些孩子为获得更大的弥补而谦让，但是很多孩子对此却很反感。孩子们这是怎么了？真正谦让的精神都到哪儿去了？孩子不懂得"让"，是因为他们认为"任何东西理所当然都是自己的"，这种不好的习惯

是在生活中慢慢养成的。

谦让也不是孩子与生俱来的本能，我们与其指责孩子，不如反思自己该如何教育孩子才能让他成为懂得谦让的人？在这个竞争激烈的社会，如何在谦让和竞争之间找到平衡点？父母应该清醒地认识到，让孩子懂得谦让是教育的重要方面。

那么，家长到底应该怎样让孩子学会谦让呢？

1. 给孩子营造一个相互谦让的环境

幼儿时期孩子的个性正处于萌芽阶段，他们对事物的看法往往来自大人的说教或老师的命令。因此，家长应努力营造一个和谐、有爱、团结、互助的氛围。

夫妻之间与邻里之间都能相互谦让，在这样一个良好的氛围中，孩子谦让的美德才能得到培养。要让孩子学会谦让别人，就要让孩子从小在谦让、礼让的生活环境中成长。

2. 为孩子设置需要谦让的情境

家长要有意识地为孩子设置争抢的情境，让孩子慢慢地学会谦让。

例如，平时在家，父母可以和孩子争一下东西，培养他"并不是所有的东西都是自己的"的意识，这样他就会慢慢知道"谦让"了，接下来他就会愿意让着别人了，不管是

让大孩子还是让小孩子。

3. 对于不懂得谦让的孩子，家长要讲清道理，也应及时提出批评

家长绝不能暴力解决问题，这会加重孩子的负面情绪，让孩子执拗地认为那是家长的错而不会理解家长的真正用意。家长要正面引导，耐心说服教育，要教给孩子如何谦让、与别人友好相处、共同分享的方法，让孩子尝试体验团结友好、谦让和谐、共同分享的快乐。要让孩子明白，分享并不是失去，而是一种互利，是双赢。

孩子不谦让时，家长可以采取措施如暂时先不让孩子参加游戏，使他意识到自己的行为是错误的；同时要告诉孩子如何处理矛盾的方法：只有大家互相谦让，游戏才能顺利进行，有了问题大家可以用"石头、剪刀、布"的方法来解决矛盾，使大家能心平气和地继续游戏。

4. 让孩子知道"谦让是一种美德"，从而激发孩子的光荣意识

家长在日常生活中要言传身教，一定要坚持正面引导，从小培养孩子谦让的习惯，孩子在潜移默化中就会懂得"谦让"是一种好习惯。这样，孩子就会逐渐拥有谦让这一美德！

与人分享，才能收获更多的友谊

孩子最终要走向社会，要在群体中生活。与人分享，才能得到别人的信任、支持和尊重。因此，父母都希望自己的孩子学会与人分享，养成慷慨、大方、谦让的美德。

分享，是指将自己喜爱的物品、美好的情感体验及劳动成果与他人共享的过程。一个人能"分享"意味着他有宽容的心；意味着他有协同能力、交往技巧与合作精神。与别人分享快乐，分享痛苦，这对自己有好处的同时，也对别人有好处，就是现在说的"双赢"。

但是，有些孩子不愿意与人分享，其主要原因有三：一是这些孩子大多是独生子女，在家庭生活中，缺少需要他们伸手帮助其他人的氛围；二是他们缺少替别人着想的意识；三是他们受教育的程度还不够，使得他们还不能够真正从思想上认识到自己应该多替他人着想。

家庭教育的不全面以及父母的溺爱，使很多孩子自私自利，不愿意与人分享，这对孩子成为一个合格的社会人是极为不利的。自私、不愿意与人分享的孩子并不少见。但是一个什么都不愿与他人分享、独占意识很强的人，是很难与他人形成良好的人际关系的。所以，让孩子从小克服自

私，培养孩子与他人分享的意识很重要。为此，父母应该帮助孩子做到以下几点：

1. 分享物质

家长可以先由物质分享入手，教孩子分享糖果、糕点、图书等物品。可以借孩子过生日，邀请小伙伴、父母的亲朋好友一起来分享生日蛋糕，让孩子在此过程中学会分享，体验分享的快乐。孩子有了新玩具或新图书，家长可以引导孩子把它们带到幼儿园，与同伴一起分享，让孩子懂得好东西要与人一起分享，从分享中获得快乐。

教孩子与人分享物质，要根据一定的年龄：

年纪小的孩子是不知道，也不愿意把自己的东西拿出来和别人分享的。两岁以前的小孩，一般会自己玩，或大人带着玩，还不能和其他小朋友一起玩。这个时期的小孩，如果想要别人的东西，要让他学会说"请"。

孩子大约两岁时，就可以开始教他分享了。教他和别人分享，要慢慢劝说，不能强迫。

渐渐地养成他愿意分享的优点，让他感受到，他有礼貌时，别人同他分享的可能性很大，而他同别人分享时，大家都可以玩得很高兴，同时他可以交到朋友。也要告诉他，对于不愿意给别人玩的东西，可以不分享。

2.分享快乐

让孩子懂得别人因某件事情很高兴，他也可以与别人一起高兴，从而产生一种因分享而带来的快乐和满足感。

3.分享成功

培养孩子的大气性格。引导孩子从小分享他的成功，非常重要。

4.在家庭中巩固分享行为的养成

（1）创设环境。在家中尊老爱幼，注意引导孩子从身边的小事做起。如把新玩具分给邻居家的小朋友玩，有好吃的先分给爷爷、奶奶、爸爸、妈妈吃，让幼儿渐渐养成分享的行为。

（2）故事引导。家长可以在晚饭后，或者睡觉前讲述或哼唱一些有关分享和谦让的脍炙人口的故事或儿歌，让孩子从小懂得谦让，有好东西能与大家分享。

（3）榜样作用。父母是孩子的第一任老师，父母日常的言谈举止和情感态度对孩子的发展有着潜移默化的影响。所以，父母要做个有心人，平时抓住一切有利时机为孩子做好行为示范。父母必须经常审视自身的言行，为孩子做出良好的榜样。

告诉孩子，好东西要同大家一起分享，同时在平时生活

小事中不忘教育孩子分享。

总之，家长不能对孩子有求必应，而是要让孩子在和别人交往中，懂得什么东西在什么时候是否应与别人分享。对于不太愿意与人分享的孩子，父母只能引导，不能强迫，要用正面教育的方法。教孩子和朋友分担痛苦，他的痛苦就会减少许多；教孩子和朋友分担快乐，他的快乐就会成倍增长。孩子学会了分担和分享，他的生活就会遍布阳光，这样的孩子才是心理健康、人格健全的孩子，才能迎接未来社会的挑战！

纠正孩子说脏话的陋习

这天，正是午休时间，爱听歌的王刚耳朵里还塞着耳机，一边走路一边看手机上的歌词，一边哼着歌一边摇着头，就这样，和姚亮撞在了一起。

姚亮斜睨了王刚一眼，怪声怪气地说："好狗不挡道。" 王刚瞪大眼睛，气愤地回应："你！没长眼啊？"

姚亮嗓门也很高："你才没长眼呢！" 王刚更是扯着嗓子喊："你眼瞎了啊！" 姚亮向前一步嚷："你才瞎

了呢！"

两个人脸红脖子粗，谁也不肯道歉，最终动起手来，姚亮冲动地把王刚打出了伤。看着受伤的王刚，姚亮后悔不已，吓得不知道该怎么办才好。老师把姚亮的父母请到学校来了，姚亮的父母很通情达理，并没有指责儿子，看着委屈的儿子，他们反倒安慰起儿子来。

"爸妈，我该怎么办呢？帮帮我吧！"

妈妈问姚亮："孩子，你真的知道自己错了吗？以后再发生这样的事情你知道该怎么做吗？"姚亮忙不迭地点头。

"那你跟妈妈说说你该怎么做？"妈妈问姚亮。

"要注意礼貌，撞到别人，要说'对不起'，而不是出口成'脏'。"姚亮对妈妈说。妈妈听完，满意地点点头。

使姚亮和王刚产生矛盾并且最终大打出手的，主要就是几句脏话，可见，文明礼貌直接关系到孩子的人际关系。

也许，在孩子还小的时候，无论是老师还是父母都嘱咐过孩子要文明礼貌，不能讲脏话，但是随着孩子年纪的增长，老师和父母逐渐忽视了对孩子的这一教育，转而把注意力都放在了孩子的学习上，而事实上，孩子是需要全面发展的，这也是素质教育的宗旨。要知道，一个满嘴脏话的人，无论是在生活、工作还是学习中，都无法获得他人的尊

重，难以与他人友好协作，也不易获得友谊和自信，因此会缺乏幸福感。要想使孩子成长为有所作为的人，父母就应从小教孩子懂礼貌、讲文明。

如果你的孩子总是说脏话，那么，你需要从以下几个方面来引导他：

1. 分析脏话的内容，告诉孩子，说脏话是不对的

父母在听到自己的孩子说脏话时，不要惊慌失措，也不要气急败坏地责骂，更不能置之不理，要冷静，严肃而不凶悍，以和缓的语气和孩子说话。例如：

"孩子，你刚才说的那句话，用的词汇很不好，你知道我说的是哪个词汇吗？"

"要当有礼貌的孩子，不能说这个词语，知道吗？"

"为什么不能说呢？因为你说了，别人会说你不懂说话，说你学习不好，看不起你！"

"你愿意让别人看不起吗？"

"那么，你应该怎么说？说给妈妈听。"

"对啦！这样说才是好孩子。"

家长最难做到的就是"不生气"。如果你生气，孩子就听不进你说的话了。另外一些家长喜欢和孩子说大道理，让孩子不耐烦，这样反而失去教育的功效。

2. 以身作则，杜绝孩子学习脏话的来源

生活中，大人有时也会语出不雅，但都习以为常。而脏话从孩子嘴里说出来，大人却觉得特别刺耳，要是孩子在大庭广众冒出些脏话，父母更是想找个地洞钻下去。其实，家长应该以身作则拒绝说脏话。可以在家里建立互相监督的制度，父母如果不小心在孩子面前说了不文明的词句，就一定要向孩子承认错误，以加深他不能说脏话的印象。

3. 教会孩子一些初步的礼仪知识

家长应该从小教导孩子学习一些礼仪知识，包括与人见面时要打招呼、握手，与人交谈时眼神、体态和表情要体现出对对方的尊重。注重了礼仪，孩子就会认识到说脏话是一种不礼貌的行为，就会努力改正。

满嘴脏话是一种不良的行为习惯，是有失礼仪的表现，孩子不懂得尊重他人，在人际交往之中就会与他人产生许多摩擦，也会失去许多朋友和机会，父母绝不可忽视这一点。

友谊是孩子生活的重要组成部分

"结交新朋勿忘旧友，一如浓茶一如美酒，情谊之路长

无尽头，愿这友谊天长地久。"这是一首儿童友谊歌。每个人都需要朋友，孩子也不例外。尤其是当今很多孩子都是独生子女，朋友能让孩子更懂得爱。

圆圆原来有个毛病——对伙伴不懂得关心。那次秀秀跑步摔倒了，她站在一旁哈哈大笑。妈妈问她为何不扶起秀秀，她竟然说："关我什么事？"妈妈决定改改她这个毛病。一天，圆圆膝盖摔破了，妈妈故意轻描淡写地说："你自己去诊所上药。"圆圆哀求妈妈："妈妈背我去吧。"妈妈毫不心软地回敬她："关我什么事？"圆圆伤心地哭了……妈妈适时地教育她："受人奚落的滋味好受吗？"她摇头。这以后，圆圆逐渐变得懂事起来：哪个伙伴生病了，她会送去新买的玩具表示问候；见到大孩子欺负小孩子，她会主动站出来与其说理……圆圆的善解人意，让小伙伴们感受到安全和快乐。大家都愿意和她交朋友。

圆圆妈妈就是个有心人。如果孩子在日常生活中，对周围的事物比较漠然，家长一定要注意，这表示孩子可能比较冷漠。这对于孩子与人合作是不利的，家长要及时引导。

现在的很多孩子，在家里基本过着"一个中心"的生活，这容易使孩子养成以自我为中心的行为习惯，给别人留下霸道、自私、任性的印象。

父母要积极地为孩子创造与人交往、结交朋友的条件，培养他们与人合作的能力和意识。这样，孩子在将来遇到一些生活和社会难题的时候，便能通过与人合作，借助集体的力量解决。现代社会中独生子女的比例增加，任性、脾气大是大多数独生子女家庭的孩子的缺点，通过人际交往，孩子能够克服这些缺点。当孩子具备一定的能力和品质的时候，也就具备了成功的条件！

那么，怎样才能引导孩子交到好朋友呢？

（1）如果你的孩子已经交上了朋友，你要及时给予肯定，如对孩子说："真高兴你有了自己的朋友，听说你的朋友很棒，你们应该互相关心，互相帮助。"或者说："听说你交的朋友很出色，我很想见见他，你看可以吗？"

（2）如果你的孩子还没有朋友，则应积极帮孩子寻找。如鼓励孩子与家附近的孩子一起玩，与同事或同学的孩子一起玩。你还应适时和孩子讨论他与其他孩子交往的情况，帮助孩子分析并做出选择。

（3）要欢迎孩子的朋友到家里来玩。把孩子的朋友当成自己的朋友一样，采取热情欢迎的态度。当孩子的朋友来家里时，你应该说："我们家来朋友啦，欢迎欢迎。"或者"真高兴我的孩子有你们这样的朋友，你们能来太好

了！"你还要鼓励孩子认真接待他的朋友，让孩子的朋友感觉到你对他们的支持和赏识。

（4）需要注意的是，对于孩子和朋友的交往，父母也不能听之任之，使孩子陷入不当的交际圈中。要充分利用他们喜欢交往的心理，因势利导，正确地引导和帮助他们建立纯真的友谊。

父母也必须得让孩子知道哪些朋友是不该交的。如果你对孩子的朋友的某个方面很不满意，就应该当着孩子的面严肃地说出来。

友谊是每个孩子生活的重要组成部分。对孩子来说，结交朋友似乎是这个世界上最自然不过的事情。然而有时候孩子也需要父母的一点帮助，把天天见面的熟人变成自己的朋友。由于年龄相近、志趣相投、关系融洽、地位平等，同伴能满足孩子游戏、安全、自尊、认同等方面的需要。

父母要让孩子明白，友谊是一笔宝贵的财富，要鼓励孩子在周围的生活圈子中多交善友，这会让孩子一生受益无穷！

让孩子学会为自己的行为负责

　　责任心是孩子健全人格的基础，是能力发展的催化剂。责任心的培养应遵循这样一个规律：从自己到他人，从家庭到学校，从小事到大事，从具体到抽象。要成为一个有责任心的人，就先要为自己的行为负责。"修身、齐家、治国、平天下"，修身是一切成功的基础，连自己都管理不好的人，无法承担更大的责任。因此，父母要教育孩子学会承担责任，首先就要让他们学会为自己的行为负责，当孩子做错的时候，家长一定要让孩子学会道歉。

　　美国著名心理学盖瑞·查普曼博士提醒说："孩子在小时候就能学会道歉的语言，随着年龄的增长，他们对道歉的重要性会有更深的领悟和理解，为今后的道德和人际关系发展奠定基础。"

　　每个人都生活在各种关系中，谁也难以避免在与人交往时伤害到别人或者被别人伤害。做错了事说声"对不起"是一种体现人的素质、增进人际交流必不可少的行为标准。尽管大多数伤害是无意的，但也仍要学会道歉和学会接受道歉，这是打开原谅和恢复关系大门的钥匙。

　　如果孩子不愿对自己的行为负责，那么父母需要采取严

厉的做法。"逼才是爱"，父母要要求孩子勇于承担自己的责任。通常，父母都需要经历一个漫长的过程，孩子才会明白，当他的行为让别人受到身体上的或者情感上的伤害时，他应该道歉。而当孩子能够发自肺腑地说出"对不起"时，他不仅仅掌握了一项社会技能，更重要的是，他学到了怎样去补救自己的过失，怎样对自己的行为负责，怎样照顾他人的情感。家长该怎样教育孩子，才能让孩子在伤害他人的时候，为自己的行为负责，向对方道歉呢？

1. 让孩子学会认错，这是让孩子学会道歉的第一步

孩子没有学会道歉，可能是因为孩子没有明确的是非观念，不知道生活中什么是对的，什么是错的，为什么是错的，更不知道自己应该怎样改正错误。因此，父母切不可对孩子动辄责备，应耐心地告诉孩子为什么错了，错在哪里。认错需要一定的勇气。孩子不敢认错，可能是害怕承担后果，父母应给孩子一种安全感，告诉孩子每个人都有犯错误的时候，只要知错能改就是好孩子，避免孩子产生畏惧感。

2. 孩子犯错要及时纠正

当孩子做错事时，父母应及时教育并纠正。让孩子知道错误不是不可挽救的，他们只要改好了，就可以得到原谅。父母千万不要在孩子做错事后，一味地批评、指责孩

子，这样易导致孩子产生逆反心理，使他们在以后犯错时总想找借口推托。对懂得道歉但又频繁犯错的孩子，父母不仅要注意孩子的言语道歉，更要关注孩子改正错误的行为。因此，如何处理孩子所犯的错误比孩子所犯的错误本身更值得父母思考。

3. 可教会孩子一些真诚地向别人道歉的艺术

（1）教会孩子用一些小礼物表达自己的歉意，这就是"尽在不言中"的妙处。孩子之间的矛盾不是什么"深仇大恨"，只要有一方主动示好，矛盾就能化解。

（2）让孩子切记道歉并非耻辱，而是真挚和诚恳的表现。伟人也有道歉时，丘吉尔起初对杜鲁门的印象很坏，但后来丘吉尔告诉杜鲁门自己以前低估了他——这句话是以道歉的方式作出的赞誉。

（3）孩子道歉时应真有悔意，否则对方不会释然于怀。道歉一定要出于真诚。

（4）告诉孩子道歉要堂堂正正，不必奴颜婢膝。孩子想把错误纠正，这是值得尊敬的事。

（5）让孩子明白，应该道歉的时候，就马上道歉，越耽搁就越难启齿，有时错过了道歉的时机便会追悔莫及。道歉要抓住时机，不要错过机会。

　　家长要以身作则，给孩子树立好榜样，自己做错的时候，也要真诚道歉。让孩子对自己的行为负责，不能让孩子成为一个敢做不敢当的懦夫，责任感的缺失会导致人格的缺失。为自己的行为负责，这是孩子责任心培养的重要方面，是孩子承担家庭责任、社会责任的前提！

第四章

好孩子不乱发脾气：教孩子认识和表达自己的情绪

当孩子有情绪时，有些父母总会不自觉地想压制孩子的情绪，但在孩子的世界里，情绪是最正常、最本能的反应，他们开心就笑，难过就哭。父母应给予孩子一定的空间，让孩子学会与情绪相处，引导孩子正确认识和合理表达自己的情绪。

学会调节情绪，自然能疏导情绪

心理学专家介绍，情绪是人与生俱来的心理反应，其中，基本情绪有四种：愤怒、恐惧、悲伤、快乐。其他情绪并非基本情绪的组合，每个人都有情绪，孩子也不例外，有些孩子表达的方式比较温和，有些孩子表达的方式则比较强烈。父母的其中一个责任，就是教孩子学会调节情绪，找到科学的疏导方法。

无论成年人还是儿童，都不可能总是快乐无忧。相对于成人来说，孩子的喜怒哀乐通常表现得更加直接，无论是快乐还是悲伤，他们都会挂在脸上，并且在我们成人看来一件很小的事，可能就会引起他们强烈的情绪波动。

研究表明，孩子在儿童时期是否具有良好的情绪调节能力，是他们以后能否成功、是否快乐的最好预示。孩子在成长过程中，学会管理自己的情绪对日后获得幸福人生至关重要。孩子在生活中，不但会体验到快乐，也会遇到挫折，体验到后悔、孤单的感觉。有些孩子一旦受到挫折，感到难过，就习惯用暴力的方式发泄，这种情绪发泄方式不但给其

他人造成困扰，也影响自己的人际关系。但这很可能只是他不知道该如何适当表达自己的感受。

作为父母，我们应该教孩子认识自己的感觉，这是让孩子学会管理自我情绪的第一步。从儿童心理发展的角度来看，情绪体验得越多，孩子的心态就发展得越成熟。每一次强烈的情绪体验，都是一次宝贵的经历。允许儿童完整地体验自己的情绪，接纳并认可自己的感受，有助于他们认知事物、总结规律、提炼经验，有助于他们今后遇到同类境况时做出理智的分析和恰当的反应，有助于他们获得坚定的自信心。

相反，假如我们不允许甚至是遏制孩子体验或表达情绪，他们并非就会面对同样状况时没有情绪了；孩子的情绪只是暂时地被压抑了。这样会让孩子觉得自己的这些情绪是可憎的，甚至认为自己是可憎的。他们缺乏控制情绪的能力和经验，只能强行忍受着内心的煎熬，无能为力，从而产生自卑，甚至感到绝望。孩子将来长大了，面对内心依然会产生的强烈的情绪反应，会感到不知所措，也会感到羞愧难当；既不知道怎样表达，也不知道怎样处理。压抑良久，会出现各种心理问题。

帮助孩子认识和表达情绪，我们可以遵循以下两个原则：

1. 教孩子学会表达自己的感觉

在日常生活中，父母可以多和孩子聊天，或适时问孩子："你现在有什么感觉啊？""你喜不喜欢？""什么事情让你这么生气？"还可以通过讲故事、编故事、角色扮演等游戏教给孩子疏导情绪的方法。有时还可以通过交换日记、写纸条的方式让孩子说说高兴和不高兴的事。如此一来，孩子也就逐渐学会如何用"讲道理"的方式表达自己的心情。

2. 教孩子学会表达情绪

当孩子生气发飙或闷闷不乐时，父母千万不要因此而动怒，"你再哭我就打你"这样的惩罚，既无法制止孩子的哭闹行为，也无法让孩子学会如何疏导不良情绪。父母要懂得利用此机会，教孩子几招调节不良情绪的好方法，引导孩子适度发泄。

（1）教导孩子用语言表达怒气。研究证明，语言能力发展较好的孩子，遭受的挫折也比较少，因为他们懂得用语言表达自己的需要，从而得到满足，而且他们生气难过时能说出其中的原因，这不仅有助于他们宣泄情绪，也能让他们

获得他人的理解和安慰。父母可以在孩子生气、难过的时候，教导他们用语言而非肢体表达情绪。

（2）教孩子转换思维。孩子陷入某种负面情绪里，通常是因为"想不开"，此时，父母可以带着他想些好事情，或引导他发现原来事情并没有这么糟。孩子能够学会用不同角度思考，进一步也就可以用有创意的方式自己想办法走出困境。

（3）带着孩子放松心情玩一玩。压力经常是孩子心情不好的来源之一。父母可以教孩子做做伸展体操，或是用力画图、放声唱歌，让他们体会这些"用力动作"对解除紧张情绪的积极作用。下次他们就知道可以如何调节自己的不良情绪了。

（4）教孩子换个角度看自己。当心情不好或遭遇挫折的时候，孩子很容易对自己产生负面的看法，觉得自己真的很差劲，这时父母可以提醒孩子，他们曾经在其他方面表现得很好。让孩子时常记起自己成功的经历，可以帮孩子找回自信，相信自己可以克服困难，也更愿意去接受挑战。

最后，要帮助孩子建立自信心，因为自信的孩子更容易获得快乐。父母应该多鼓励、多赞美孩子，增强他们的独立

性和进取心。

孩子的成长并不是一个直线上升的过程，而是呈波浪式上升的过程。孩子的情绪发展也是如此。面对孩子在情绪波动期的无理取闹和火爆脾气，父母要多理解他们，教给他们调节情绪的方法。拥有良好情绪、健康心态的孩子，在将来的生活中更容易获得幸福和成功。父母应尽早地关注孩子良好情绪的建立与培养，帮助孩子迈出成功的第一步。

父母先管理好自己的情绪

在教育孩子这一问题上，中国人常说："言传身教。"这句话强调家长的表率作用，在情绪管理的教育上也是如此，家长在处理孩子的情绪之前，要先处理好自己的情绪。

儿童心理学专家指出，生活中一些父母在处理情绪时经常言行不一，孩子的情绪表达方式有问题时则对孩子进行道德劝说，而自己则用同样有问题的方式来表达情绪，导致孩子对于父母的管教失去信心。父母是孩子最亲近的人，父

母自身的情绪管理能力如何，直接影响孩子的情绪。也就是说，父母情绪化会对孩子造成超乎想象的危害。

生活中，我们有时评价一个人情绪化，指的就是这个人喜怒无常，刚才还和风细雨，这会儿就雷电交加。如果父母是情绪化的人，儿童就会缺乏安全感。长期处于这种压抑环境下的儿童会变得胆小懦弱、自卑孤僻，也有可能变得和父母一样喜怒无常，令人不敢接近。

美国华盛顿大学心理学教授约翰·高特曼的追踪调查发现，父母扮演情绪教练的孩子，比较有能力处理好自己的情绪，对挫折的忍受度高，社交能力和学业表现也比较突出。提高孩子的情绪管理能力，已成为现代父母的必修课。

为此，父母最好用以下方法言传身教、提升孩子的情绪管理能力。

1. 提升孩子的情绪敏感度

通过亲子之间的对话让孩子正确认识各种情绪，说出自己心里此时此刻真实的感受。

2. 向孩子坦诚我们的情绪和感受

当我们坦诚地说"妈妈/爸爸明天要上台报告，觉得很紧张"时，孩子就能学会"有情绪是人之常情"；当你遇到

挫折，对自己说"没关系，只要我冷静下来想清楚，就一定有办法克服"时，孩子就能了解到"自我对话的重要性"；当孩子手中的气球不慎飘走了，你高兴地大喊："你看，气球妈妈在呼唤它了，赶快和气球说再见！"原本悲伤的孩子就会发现"转换角度看问题带来的奇妙之处"。

3. 在孩子面前展现自己处理坏情绪的方法

孩子通过观察、模仿，不断吸收父母应对情绪的风格，在孩子面前适当表现我们的情绪处理方法越显重要。偶尔和孩子分享自己如何从错误中学习的往事，有助于拉近亲子之间的距离。

当然，这是一个循序渐进的过程，在父母正确引导下的儿童，往往情商比较高，人际关系更好。作为父母，我们要做到言传身教，让孩子在耳濡目染中提升情绪管理能力。

鼓励孩子用语言表达自己的情绪

我们都知道，家庭教育是一切教育的起点，家庭教育无时无刻不影响着孩子的成长，良好的家庭教育能塑造孩子美

好的品质。而当今社会，很多独生子女的家庭对孩子的培养以宠爱为主，导致孩子自控能力差，动不动就发脾气。孩子的这些表现让很多家长感到头疼。

其实年幼的孩子之所以愤怒、发脾气，多半是因为他们的诉求得不到满足。早期，他们会因为物质需求得不到满足而产生不满与焦躁情绪，而随着他们年龄的增长，愤怒则更多会因心理诉求得不到满足而产生。

生活中经常会发生一些不愉快的事件，这些事件会影响人们的情绪，在遭受挫折时，人们会沮丧、抑郁，儿童当然也不例外。如在学校没有考好，没有评上三好学生或者被同学欺负了等，都可能会让孩子产生明显的挫折感。他们不高兴，就会找发泄的方法，发脾气就是其中最常见的一种，有些性格懦弱的孩子还会哭闹。一碰到孩子哭闹，父母就觉得是不是自己没有做好，内心产生愧疚；还有的父母听不得孩子哭，孩子一哭就要想办法哄孩子；还有一些家长，面对孩子哭闹或是发脾气，自己也按捺不住心中的怒火，或是训斥或是打骂孩子。这些都是错误的解决办法，只会强化孩子的消极心理。

溺爱孩子，就是认同孩子发脾气是正确的，而家长的这种认同则会成为孩子的"通行令"，增长孩子的坏脾气。如

果父母对孩子比较粗暴，动不动就训斥孩子，孩子对各种事情没有任何解释和发言权，缺乏学习用语言正确表达情感的机会，最终也就有可能养成粗暴待人等不良习惯，这会对孩子的未来造成消极影响，不利于孩子以后的生活和事业。

那么，如何正确对待孩子的坏脾气呢？

首先家长要管理好自己的情绪，给孩子做个榜样。如果家长自己都不能很好地管理自己的情绪，孩子哭闹时，自己先忍不住，要么逃避，要么以不耐烦甚至粗暴的态度面对孩子的话，孩子是不可能学会正确管理情绪的。

一位妈妈这样写道："别以为小孩什么事情都不懂，她可都看在眼里呢，有一次她冲我发脾气，我就说她：'小姑娘不可以这么大声说话。'结果就听到她小声嘟囔：'妈妈和爸爸不开心的时候也这么大声说话的。'听到女儿这么说，从那以后，我尽量克制自己的急性子，暗自发誓要成为她的好榜样。"

无数事实证明，父母的一言一行对孩子的影响是巨大的，如果父母说话大嗓门，那孩子讲话也必然不会细声细语；父母说话无所顾忌，孩子自然也会大大咧咧……所以要想培养出好脾气的孩子，父母必须以身作则。

这就需要家长明白几个道理：

1. 要想正确面对孩子的哭闹，我们需要了解，孩子为什么会这样做

家长需要认识到，哭闹和发脾气是孩子心情不好的一种本能表现，是孩子发泄心中负面情绪的一种方式。一方面，他们还小，不能很好地控制自己的情绪；另一方面，孩子可能尚未学会其他更能够被别人接受的方式来让自己心情平静。

2. 小孩子哭闹和发脾气，并不是毫无益处的

小孩子哭闹和发脾气，其实也并非毫无益处，因为让负面情绪发泄出来，孩子的心理才会健康。家长要做的不是压抑孩子，而是要帮助孩子逐渐学习如何通过其他方式来发泄。

由于孩子对自己情绪的控制能力比较差，他们时不时发"小脾气"是常见的事情。

帮助孩子控制自己的脾气，需要一个过程，因为孩子的自控能力不是一下子就能形成的。可能在很长的时间里，家长都需要耐心地面对孩子的哭闹，并逐渐引导孩子学会其他的发泄方式。中国有句老话："孩子见了娘，没事哭三场。"孩子在母亲面前，要比在别人面前更爱哭闹。这是非常正常的现象，妈妈们千万不要担心，别以为是自己把孩子

惯坏了。

3. 和孩子的沟通能有效地帮助孩子控制自己的脾气，而成功的沟通没有秘诀

沟通没有通用的模式，与一个孩子沟通的方式并不总是适合于另一个孩子。因此，父母必须根据自己孩子的特点，创造自己与孩子的有效沟通方式。成功的亲子沟通没有什么秘诀，只要你是有心人，就能找到适合自己与孩子沟通的方式。

4. 帮助孩子找到合理的发泄情绪的方式

家长要帮助孩子学会用语言表达内心的感受。例如孩子因为妈妈不同意带他去吃麦当劳而哭闹的时候，妈妈可以说："你现在一定很想去吃麦当劳，可是我们约定一周只能去一次，今天去不了，真遗憾，我也替你感到很伤心。"这样帮孩子说出来，孩子心里就会好受一些。逐渐地，他也能够学会用语言代替哭泣来表达情绪。还有一点需要强调的是，家长可允许孩子哭闹，但不能因为孩子的哭闹而纵容孩子。

有的家长特别怕孩子哭，一看孩子哭，就会纵容孩子，给孩子许诺、满足孩子的"无理要求"。

如孩子一哭就答应给孩子买糖、买玩具，这样做，不

仅不能解决问题，还会让孩子认为，哭闹能换来很多"好处"，以后，他就会更多地采用这一"秘密武器"。

孩子长大一些后，父母应尽量鼓励孩子用语言表达自己的情绪，告诉他遇到问题时要讲道理，说缘由，而不要动不动就乱哭闹、发脾气。

引导孩子排解内心的坏情绪

任何人都有坏脾气，孩子也不例外，父母需要帮助孩子找到宣泄坏情绪的方法。儿童心理学专家建议，父母可以教导孩子学会以下方法：

1. 能量排解法

俄国大文豪屠格涅夫曾告诫人们：当你暴怒的时候，在开口前把舌头在嘴里转上十圈，怒气也就减了一半。对不良情绪会产生的负能量，可用各种办法释放以调整情绪。例如，我们可以告诉孩子，当生气和愤怒时，可以到空旷的地方去大喊几声，或者去参加一些体力劳动，也可以进行比较剧烈的体育活动，把心理的能量变为体力上的能量释放出去，气也就顺了。

2. 语言暗示法

达尔文说过："人发脾气就等于在人类进步的阶梯上倒退了一步。愤怒常常以愚蠢开始，以后悔告终。"

语言是人类特有的高级心理活动，语言暗示对人的心理乃至行为都有着奇妙的作用。人在不良情绪要爆发或心中十分压抑的时候，可以通过语言暗示来调整和放松心理上的紧张，使不良情绪得到缓解。

当然，年纪太小的孩子可能无法理解心理暗示的具体含义与操作方法。而对于有一定知识基础的儿童，我们可以告诉他：当你将要发怒的时候，可以用语言来暗示自己："别做蠢事，发怒是无能的表现。发怒既伤自己，又伤别人，还于事无补。"能这样自我提醒，孩子的心情就会平静一些。

3. 环境调节法

大自然的景色，能扩大胸怀、愉悦身心、陶冶情操。

我们可以带孩子到大自然中去走一走，这对于调节不良情绪有很好的效果。我们可以让孩子知道，心情不好或心理压力大、郁闷不乐时，千万不要一个人关在屋子里生闷气，而应该走出去，到环境优美、空气宜人的花园、郊外，甚至是农村的田园小路上去走一走，舒缓心情，去除

烦恼。

4. 请人疏导法

人感到压抑时，应把心中的苦恼诉说出来，如果长时间地强行压抑不良情绪的外露，身心健康就会被损害。有的孩子或许在产生不良情绪时能自我控制、自我调节，但这样还远远不够，他们还需要我们引导他们倾诉自己的苦恼，并给予指点。

我们可以告诉孩子，有些事情其实并不像他们想的那么严重，然而一旦钻进牛角尖，就会又急又生气，他们可以请旁观者指导一下，可能就会豁然开朗。还有一些时候，孩子对于某件事，耿耿于怀、感到难以气平，而别人却完全不了解、不体会。我们可以告诉孩子，遇到这种情况时，他们可以向我们或好朋友倾诉。他们把苦恼倒出来后，就会感到舒服和轻松。别人的理解、关怀、同情和鼓励，是他们心理上的极大安慰。

5. 自我激励法

自我激励能给精神活动提供动力，是保持心理健康的一种方法。

我们可以告诉孩子，在遇到不顺心的事而想发脾气之前，要善于用坚定的信念、伟人的言行、生活中的榜样、

生活的哲理来激励自己，使自己产生同痛苦作斗争的勇气和力量。

6. 创造欢乐法

心情不佳、烦恼苦闷的人，会感觉周围的一切都是暗淡的，这不利于身心健康。孩子如果心绪不佳、烦恼苦闷，我们就要想办法让他们高兴起来，笑起来，这样，他们的一切烦恼丢到九霄云外。笑不仅能消除烦恼，而且可以调节精神，促进身体健康。

相信以上办法能帮助孩子及时排解内心的坏情绪，使其以健康、积极的心态和饱满的精神面貌重新面对学习与生活！

孩子脾气好是有修养的表现

有脾气，在日常生活很普遍。每个人都有脾气，一些孩子脾气急躁，遇事容易冲动，遇到一些不顺心或自己看不惯的事时，常常容易生气或怄气，有时还会同人家争吵，说出一些使人难堪的话，这些行为或影响同学间团结，或影响家庭的和睦。

人的脾气有好有坏。脾气好的人无论到哪里，都会受到欢迎，别人喜欢同他合作、共事；脾气不好的人，则常常给自己和别人带来苦恼，使别人觉得难以与之相处。

人的脾气的好与坏，与人生活和学习的环境有很大关系。有着温顺、平和、忍耐等好脾气的人，往往成长于和睦温暖的家庭并得到良好的教养；而有着暴躁、倔犟、怪癖、任性等坏脾气的人，则往往娇生惯养、被过分溺爱或得不到家庭温暖、父母的要求过于严厉。

孩子脾气好是有修养的表现，而培养孩子良好的脾气，比用服装来美化他，要具备更高一层的境界。对于一个脾气暴躁的孩子，人们很难想象他在未来能有什么成就。那么，我们该怎样让孩子控制脾气、培养孩子的良好修养呢？

1. 帮助孩子认识到坏脾气的危害

父母要让孩子明白，我们在社会生活中，总要同其他人接触和交往，希望得到别人的好感、赞赏，与别人建立友谊，否则，就会感到孤独、寂寞，寸步难行。

人的行为是受意识调节和控制的，孩子认识到坏脾气的危害，便可从内心产生改掉坏脾气的愿望。

2. 引导孩子多看书、多思考

良好的修养并不是一两个月可以养成的，这需要长时间的积累和熏陶。例如，我们很久没见一个人，会说他变了一个样，其实这样的变化就是周围生活熏陶出来的。引导孩子多读书总有好处。书读得少的人其他练得再多也还是没有内涵。

3. 给孩子一个好的生活环境

一个好的生活环境，才能培养出孩子好的气质修养。

4. 增强孩子的阅历

不一样的成长环境会造就不一样的人，一个孩子的阅历、学识、对自己的了解程度，都会对修养有一定的影响。

5. 让孩子学会控制住自己的情绪

情绪的自控能力是孩子自制力的重要方面。

（1）让孩子学会平静。发现孩子放松自己的方法，鼓励他运用这些方法放松自己，特别是在他放学后或者非常活跃之时——这些时候，他可能认为自己很难"着陆"。

（2）不要让那些真正需要安静、喜欢独处的孩子，随着时间的流逝而变得离群索居。注意观察这些孩子可能出现的任何"孤独"的征兆。

（3）如果孩子有太多的时间独处，可以建议他参加体育俱乐部、社交俱乐部或青年团体。

（4）孩子的忌妒、愤怒、沮丧以及怨恨的感受，是应该被接受的，而不应该遭致惩罚或拒绝。不过，孩子虽然可以有这样的感受，但不能因此而伤害他人。当孩子有这些感受时，我们可以帮助他提出要求。例如对他说："我想你现在很伤心难过，给你一个拥抱，你会觉着好点吗？"

（5）假如孩子年龄较小，我们可以给他配备一本感受日志，让他在固定（或者自由）的时间里，写下他对作品、学校、事件或人物的反应。

（6）情绪表达需要特别的词汇。孩子必须知道他可以选用哪些语词来表达自己的感受，如果这种信息以恰当的方式被告知，他会非常乐意拓展自己的语汇，以替代那些咒骂性的语言。

（7）给出一些不完整的句子，让孩子去补充完成。例如："当……的时候，我最幸福""当我生气的时候，我……""当……的时候，我感觉自己非常重要""当……的时候，我感到沮丧""当……的时候，我可能选择放弃""当我被训斥的时候，我想……"

（8）在没有压力的寻常时间里，找个机会开诚布公地告诉他，在他需要的时候，家永远是他的庇护所。

一个人的修养必然会带来气质上的变化，所以，如果父母希望自己的孩子成为一个仪态端庄、充满自信、能吸引别人的人，就要让孩子学会管理自己的情绪，不断提高孩子的知识、品德修养，不断丰富他们的人生阅历。

善待他人是做人必备的修养

每个人都是社会的一分子，善待他人，是做人的一个重要部分。一个人如果在社会上不知道怎么去善待他人，他将很难在社会立足。善待他人包含的内容很多，其中有：多一些友善，少一些怨恨；多一些宽容，少一些苛责；多一些友爱，少一些仇恨；多一分理解，少一分埋怨。父母教会儿童学会善待他人，能帮助孩子从根源上提升情绪管理能力，从而控制自己的怒气。

我们发现，那些懂得善待他人的孩子，在家庭里会善待家人、尊老爱幼；在学校里会善待同学，会理解、关爱小伙伴，尊重老师的劳动成果；在社区里会善待周围的人，对

待需要帮助的人，不会麻木不仁，会热情伸出友爱的双手。这样的孩子才会获得他人的赞同，拥有良好的人际关系。相反，那些缺乏善待他人的品质喜欢发脾气、容易愤怒的儿童，则总是容易被别人孤立。

为人父母，培养孩子，不仅要磨炼孩子的意志，更要让孩子懂得爱人，理解人，善待人，正确地与人相处。可以说，这是孩子在未来社会获得美好生活的重要因素。

那么，家长应该怎样培养出会善待和理解他人的孩子呢？

1.父母应该以身作则，善待周围的每一个人

善待他人要从点滴小事做起，从细微处入手，这样才能教育孩子不以善小而不为，不以恶小而为之。

洋洋的父母离异了，他随母亲过。有一次洋洋的母亲和老师谈到洋洋的教育问题。老师说："你现在和洋洋的父亲离婚了，你还跟你前夫的家人来往吗？"她说："基本上不来往了，但我碰见我公婆还是要主动问候的，毕竟离婚是夫妻双方的事，与对方父母没有根本的利害冲突。何必把关系搞得那么僵？抬头不见低头见，好聚好散嘛……""我这样做主要是为孩子着想，要给孩子做出一个样子。逢年过节，我还是要让孩子去看爷爷和奶奶的，我要教育孩子一定要善

待他人……"

可以说，洋洋的母亲是一个大度的人。许多人分手以后，一般都躲着对方的父母，绕开对方的家人，甚至视对方的父母为仇人。而洋洋的母亲没有，这对孩子起到了很好的榜样作用。家长要让孩子善待他人，就要从自身做起，和周围的人和谐相处。

2. 让孩子学会换位思考，也就是要理解对方、理解爱

每个人都有自己的情感世界，都希望得到别人的理解，也希望理解别人。家长要教会孩子从对方的角度考虑问题，这样孩子就会理解他人。理解是一座桥梁，是填平人与人之间鸿沟的石土。

3. 让孩子学会包容别人

生活中，孩子之间难免会有碰撞。他们年轻气盛，争强好斗心较重。常为一点小事争得面红耳赤，自己做错事，不检查自己，而是一味地找别人的不是。这样的孩子缺乏的就是一种宽容。家长要教育孩子"退一步海阔天空"的道理，让孩子懂得宽容使事情变得简单，而苛刻则会把事情变得复杂。

善待他人是做人必备的美德、修养，能否善待他人也是衡量一个人层次高低的标准。人际交往中离不开你我他，善

待他人，也就赢得了尊重。家长在培养孩子的时候，要引导孩子如何去善待他人，爱别人，在点点滴滴中学会爱，别让孩子成为一个自私鬼和愤怒的小鸟！

第五章

情绪积极不去抱怨：心怀感恩坦然面对生活中的不如意

现代社会，不仅成年人喜欢抱怨，小孩子也喜欢抱怨。尽管孩子处于心智尚未成熟的年龄，但他们已经开始对生活嗤之以鼻，诸多抱怨。这时父母应该让孩子保持积极情绪，心怀感恩，坦然去面对生活的不如意。

扫除抱怨，让内心充满阳光

英国著名作家奥利弗·哥尔德斯密斯曾说："与抱怨的嘴唇相比，你的行动是一位更好的布道师。"然而，面对生活里的一丁点不如意，有些孩子普遍习惯去埋怨，埋怨父母不理解，埋怨社会太现实，埋怨朋友的欺骗，埋怨上天的不公。那些不如意的事情、悬而未决的事情并没有得到真正的解决，自己的情绪反而陷入恶性循环。心中的怨气会阻碍前进的脚步。成功只会垂青那些积极主动的强者，只要你敢于担当，勇于接受来自生活的挑战，那么，任何艰难险阻的道路都会变成坦途。真正的强者从来不埋怨，他们总是会把那些消极的想法从内心扫除殆尽，让自己的内心充满阳光、充满希望。

从前，有一个年轻的农夫，他平日的工作就是划着小船，给另外一个村子的居民运送自家的农产品。那会儿正值天气炎热、酷暑难耐的季节，年轻的农夫汗流浃背，感到苦不堪言。为了尽快完成工作，他心急火燎地划着小船，以便在天黑之前能返回家中。突然，他发现，前面有一只小船，

沿河而下，迎面朝自己快速驶来，眼看着两只船就要撞上了，但是，迎面而来的小船却丝毫没有避让的意思，似乎是有意撞翻自己的小船。年轻农夫心中顿时有了火气，大声对那只船吼道："让开，快点让开！你这个白痴！再不让开，你就要撞上我了！"但是，农夫的吼叫却完全不管用，那只船还是径直地向自己驶来，尽管农夫赶紧为其让开水道，但为时已晚，那只小船还是重重地撞上了自己的船。年轻的农夫被激怒了，他怒视对面的那只小船，但是，令他吃惊的是，那只小船上空无一人，被自己大呼小叫地责骂的只是一只脱了绳索、顺河漂流的空船。

再多的责骂、埋怨，也不能改变事情的发展方向，反而会阻碍我们前进的路途。有人说埋怨是一种宣泄，认为通过埋怨就可以将那些不如意的事情发泄出来让心理平衡。每天，孩子都可能面对许多不如意的事情，如果只是一时地埋怨，这还可以接受，但是，有时候，埋怨久了就会形成习惯，而埋怨的根源是对现实的不满意。

一个人来到这个世界上，面对生活中的诸多不如意，我们只有两个选择，要么接受，要么改变。抱怨是接受事实的一个阻碍，我们总是想到：这件事对我是不公平的，这样的事情怎么会发生在我的身上呢？我怎么能接受这样的事情

呢？于是，一种强烈的倾诉欲望开始萌发，我要去对别人诉说，以此证明我的无辜和委屈。在我们埋怨不公的时候，我们其实已经失去了去改变这件事情的机会。那么，有没有比埋怨更好的解决方法呢？

帮助孩子培养较强的自动自发力

普天下的家长都希望自己的孩子能让自己"省心"，希望孩子能主动地学习，也希望孩子能以健康的心态成长，而心态健康的标准之一就是积极。积极的孩子在生活中通常有这样一些表现：他们能"吃得开""玩得转"，懂事、乖巧，而且自动自发能力强，对生活和学习不抱怨、不埋怨，无论是学习、生活，还是为人、处事等方面，在没有人告知的情况下，都能表现得很好。他们这些表现完全是他们在自主意识支配下的自觉行为。

现在我国的经济发达了，生活好了，很多家庭进入小康水平。一些父母认为教育孩子，就要把最好的物质都给孩子，什么都为孩子包办，正是这样，养出了很多娇气的孩子。这些孩子一旦有不如意的地方就抱怨，更别说有自觉意

识了。有不少孩子的父母抱怨孩子越来越难以管教，费尽九牛二虎之力，孩子依然不懂事、德行差、依赖性强、学习成绩不尽人意等。他们一方面责怪孩子天生就笨，不争气；另一方面又埋怨自己教子无方，心有余而力不足。究其原因，不是孩子天生就笨，家长能力不够，也不是他们不爱自己的孩子，更不是他们不愿让孩子得到最好的教育，而是家长这份无边的爱，使孩子缺少自主表露和自主自发地独立解决问题的机会。

那么，家长应该怎样做，孩子才能获得较强的自动自发力呢？主要可以从以下两个方面着手：

1. 帮助孩子发展负面情绪的管理能力

美国的一些中小学，会在课程中加入冥想的练习，让孩子闭上眼睛，意念集中地静坐20分钟。早早学会这些放松技巧，对孩子未来应对压力会很有帮助。另外，父母也可以鼓励孩子培养健康的兴趣和爱好，来帮助他们排解压力。

2. 帮助孩子形成自制力

自制力不是孩子下了决心就能立刻获得的。自制力的形成不是一蹴而就的，而是一个循序渐进的过程。

拿学习来说，孩子如果决定从明天起好好学习，要每天

学习10个小时以上，那么，他很可能因为没有达到目标而气馁，我们应该先帮助他定一个较为合理的目标。例如，他可以在第一周每天学习1个小时，少玩15分钟，倘若做到这一点的话，第二周每天学习一个半小时，少玩20分钟，再做到这一点的话，第三周就可以每天学习2个小时，少玩30分钟。慢慢地，他便会发现，自觉地学习已经成为了一种习惯，与此同时自制力也自然而然地形成了。任何好习惯的形成都可以采取类似的方法。

有个10岁的小女孩儿，负责为家里倒垃圾已经5年了。她在5岁时，突然对倒垃圾产生了兴趣，一听到收垃圾的铃声，就提着垃圾桶去倒垃圾。她的父母为了提高她参加家务劳动的积极性，培养她的责任感，就对她帮父母做事予以表扬，说她能干、勤快，还经常当着女孩儿的面在外人面前称赞她："干得不错！我们都应该向你学习！"这样，激发了孩子劳动的自豪感，并让孩子慢慢地形成了劳动的习惯，把劳动看成一种责任。

自动自发力强的孩子，具有高度的自觉意识，他们有主见、有创意、懂回报、有爱心、会学习、会思考、会交往，有乐观自信、坚强不屈等数不胜数的闪光点。而孩子自动自发力的形成，需要家长的积极帮助。从而提高孩子情商，帮

助孩子形成自制力，让孩子有能力去经营一个成功与快乐并存的美好人生！

心怀感恩，孩子就能看到阳光

东汉文学家王符曾说："生活需要一颗感恩的心来创造。"一个人，如果能以感恩的心面对生活，那么，他就能看到阳光，就能感到幸福。

然而，生活中，有些孩子总喜欢抱怨，他们抱怨学习太累、父母太唠叨，甚至抱怨饭菜太差、衣服太难看等。其实，他们之所以经常抱怨，是因为他们缺乏感恩之心。因此，家长有必要在孩子还处于发展心智的童年时期时就对其进行引导，让他们懂得父母养育他们之不易，知道爱是相互的，明白关心父母家人是起码的孝心和良心。

在家庭生活中可以看到这样的情景：吃过饭后，孩子扭头就去看电视或出去玩，父母却在忙碌着收拾碗筷；家里有好吃的，父母总是先让孩子品尝，孩子却很少请父母先吃；孩子一旦生病，父母便忙前忙后，百般关照，而父母身体不适，孩子却很少问候……这些都是孩子不懂感恩

的表现。那么，作为父母，我们该怎样培养孩子的感恩之心呢？

1. 让孩子明白他无时无刻不在接受别人的帮助

可能孩子并未意识到，在他成长的道路上，他无时无刻不在接受他人的帮助和恩惠，对此，我们可以告诉他："从你出生开始，父母就在孜孜不倦地养育你，教你做人做事的道理；你跨入校门，老师就无怨无悔地把毕生所学传授给你；你遇到难以解答的学习问题时，好心的同学也总是帮助你；而国家和社会，也为你提供了安定的学习和生活的环境；甚至生活中那些陌生人，也在无形中对你提供了帮助……"这样，孩子就会明白，他需要报答的人有很多。

一旦孩子有了一颗感恩的心，他还会抱怨父母太唠叨、老师太严厉吗？

2. 引导孩子理解父母

我们可以语重心长地对他说："居家过日子，难免磕磕碰碰，有时候，父母的行为、语言可能导致了家庭纷争，可能不太恰当，但请你一定要理解，我们都是希望你好……"

教会孩子懂得理解父母，他们就会懂得知恩图报、孝顺父母。

3. 告诉孩子不要忘记经常对身边的人说"谢谢"

有时候，孩子可能认为，周围人对他的帮助是理所当然的，但我们要让他们明白，没有谁应该对谁好，所以，他们应该对帮助过自己的人说"谢谢"。简单的一句道谢，也是一种幸福的回馈。

4. 鼓励孩子为社会尽一份微薄的力量

一些孩子可能认为，我只不过是个普通人，哪里能为社会做多大贡献？但家长要告诉孩子，社会就是由千千万万的普通人组成的，每个人，只要从身边做起，多关心国家大事、社会新闻，多关心慈善事业，哪怕只是捐出了一块钱，哪怕只是简单地拾起了马路上的一片废纸，也是为社会的发展尽了一份力量。

5. 鼓励孩子做些力所能及的事，帮父母减轻负担

其实，孩子已经有了一定的行为能力，生活中的很多事已经完全可以自己做了。家长可以引导孩子学会：自己的衣服自己洗、自己的被子自己叠、自己收拾书包和房间等。另外，还可以引导孩子做一些力所能及的家务。例如，放学回家后，爸妈还没下班，让他先煮好饭；周末，让他抽出半天时间帮爸妈进行大扫除等……这虽然都是一些小事，但却能培养孩子感恩的心以及加强亲子沟通。

总之，懂得感恩的人是幸福的，我们如果希望自己的孩子内心快乐、平和，就要培养他们用感恩的心看待世界。这样，由于懂得尊重、理解和感激他人，孩子就会得到他人的肯定、关心和帮助，长大后，他的事业就比较容易成功，他的人生就会有更多的快乐。

让孩子学会理解、关心别人

一位四年级的语文老师在给学生批改作文的时候，读到这样一篇文章："敬爱的王老师，希望您不要让我妈妈和我一起上学了，说句心里话，妈妈为了家已经付出了太多太多的心思。妈妈天天有洗不完的衣服，中午哥哥回来前妈妈要把饭做好，到了下午妈妈也要早早做饭，爸爸早上7点上班晚上11点才回来，妈妈还要去接爸爸，回来给爸爸做饭……我保证，我再也不调皮了……"

这位语文老师读到这里的时候，流下了心酸的泪水，孩子终于能理解家长的苦心了。原来，事情的经过是这样的：这位同学的名字叫王兴，是学校四年级一班的学生，调皮捣蛋，成绩在班上是倒数。那次，王兴在学校又打了几个

同学，这位语文老师作为班主任只好把孩子的妈妈请到了学校，并让孩子的妈妈来学校陪读。为了能让孩子继续留校读书，从当日下午起，这位妈妈便开始了自己的"陪读"生活，每天家里和学校来回跑，妈妈为此痛苦不堪，王兴看在眼里疼在心上。为此，他偷偷给班主任王老师写了一封信，乞求老师不要再让妈妈为自己陪读了……

从此，这名叫王兴的学生好像换了一个人，他开始认真学习，开始想对妈妈好，开始感激老师……

看完这个故事，相信不少父母也会感叹，如果我的孩子也懂得感恩，懂得理解和关心别人就好了。

不得不说，现实生活中，不少孩子与周围人发生矛盾，都是因为不懂得理解别人。每个孩子在成长的过程中，独立意识都在不断增强，我们若希望孩子成为一个贴心、善解人意的人，就要在孩子开始有独立意识时便对他们进行引导。为此，我们可以这样做：

1. 让孩子学会帮助他人

在许多人眼里，帮助他人，意味着付出，意味着对自我的克制。其实，更多的人在助人的过程中发现了快乐。让孩子体会帮助他人带来的快乐，他就会更愿意帮助他人。应尽量避免给孩子树立负面的"榜样"。

2.让孩子学会换位思考

孩子之所以会以自我为中心，是因为他不知道自己的行为会给别人带来什么样的负面影响，我们可以引导孩子，学会换位思考，站在他人的角度思考问题。

有位家长是这样教育自己的孩子的："有一次，朋友给我的儿子买了一顶帽子。儿子一戴，抱怨帽子小，戴着还觉得头皮发痒，一脸的不高兴，更没有主动表示感谢之意，弄得我很生气，朋友也一脸尴尬。等朋友走后，我就问儿子：'如果你买了一个礼物送给别人，结果人家看到你送的东西一脸的不高兴，你心里会怎样想？如果对方高高兴兴地接受，并大大方方地谢谢你，你是不是会很愉快呀？'儿子知道自己做得不对，当天就打电话给送礼物的阿姨表示感谢，并为自己的失礼道歉。后来，儿子渐渐学会换位思考，没有我们的指点，他也能独立地面对别人的好意而主动说出感谢、感激的话了。"

3.给孩子提供关心他人、为他人着想的的机会

例如，爷爷下班回来，爸爸帮爷爷倒杯茶，就让孩子为爷爷拿拖鞋；奶奶生病了，妈妈为奶奶拿药，就让孩子为奶奶揉揉疼的地方；父母头痛时就让孩子帮忙按摩太阳穴，日子长了，孩子会学会许多他应该做的事情。再如，

上街买菜时，就让孩子帮忙拿一些他能拿动的东西，有好东西吃就让他分享给家人或者邻居家的孩子，孩子再碰到类似情况，就会如法炮制。渐渐地，孩子就能养成关心他人的习惯。

4. 对孩子关心他人的行为给予表扬和鼓励

例如，孩子帮妈妈擦桌子、扫地了，我们就要口头表扬孩子"呀！宝贝长大了，知道疼妈妈了，今天能帮妈妈干活了"；孩子在与邻居小朋友玩时，将玩具主动地让给同伴玩了，我们就可以抚摸着他的头夸奖"你真棒"，或者给孩子一个吻等。

总之，在平时，家长应有意识地去引导、鼓励孩子去理解他人、为他人着想，在孩子的心灵里埋下爱的种子，孩子就会主动地理解、关心别人，并能主动给予帮助。这对于孩子的人格发展很有必要！

帮助孩子树立自信

市里最近要举办一个儿童电子琴大赛，黄女士听到这个消息后，就给女儿报了名，她相信，女儿一定能拿到奖项，

因为女儿从小就喜欢弹琴，一直是学校最好的文艺生。但奇怪的是，就在比赛的前一天晚上，女儿对黄女士说："妈妈，我不想参加了。"

"为什么？"

"因为我知道我肯定会让你丢脸的，还不如不参加。"

"你怎么这么不自信？"黄女士有点生气了。

"因为你经常说我没用，如果这次我没拿奖，你肯定又会这么说。"听完女儿的话，黄女士若有所思，难道都是我的错？

很多人会问："对人的一生产生影响的人中，谁的作用最大？"毋庸置疑一定是父母。这个案例再次证明了这一点。为什么黄女士的女儿面对比赛十分消极？因为作为母亲的黄女士经常否定性的暗示让女儿认为自己"一定做不到"。

在一段美国情感纪录片中，一位父亲无意中的一句话，不仅影响了其女儿在童年时期的审美观形成，还影响了其女儿的婚姻质量。上海青少年心理研究所专家指出：无论是表扬还是批评，父母一定要选择得当的话语，因为这些话语可能会影响孩子一辈子。

孩子的不自信、胆怯甚至自我否定，可以说，都和欠

妥的家庭教育有一定的关联。常常听到家长说："你看某某学习多么自觉，从来不要父母操心，你为什么就这么让人不省心。我想了好多办法，花了大价钱请了家教，你的成绩怎么还是上不去？"亲子关系研究者认为，对于家长这样的抱怨，孩子会相当敏感，即便这些抱怨是基于事实的。久而久之，孩子便会认为自己"真的没用"，变得消极、胆怯。

有少数孩子能越挫越勇，最后建立优秀品质，但是大部分孩子会在父母长期的未过滤、筛选的直白抱怨中，渐渐失去自信心和自尊心。一位心理医生非常痛心地讲述他碰到的现象："很多家长为了孩子的问题来找我，当他们绘声绘色地描述着孩子的不良行为时，孩子就站在旁边听着！"这就是很多孩子不自信的原因所在。家长也许可以尝试一下，别时刻摆出一副居高临下的姿态嘲笑或教训孩子，不要小看这个尝试，这关乎孩子自信的基石的奠定。

那么，我们作为家长，具体来说，该如何帮助孩子树立自信呢？

1. 注意教育语言

绝对不能对孩子使用的措辞：

"你太笨了。"这句话太伤害孩子自尊了。孩子会按照父母的语言来做自我评估，这样一句话很可能会让孩子变得

敏感、自卑、孤僻。

"你为什么就不能够像谁谁。"孩子最讨厌被对比，这样的对比是对他们最大的否定。

"你真不懂事。"孩子可能本来做事就自信不足，需要家长的鼓励。这样一句话反而让孩子更加怯懦了。

2. 可以将批评与肯定结合起来

"你平时的作文写得还不错，可这次的作文写得却不怎么好"和"如果你再写上几篇这么糟糕的作文，你的语文就别想得到'良'"，虽然这两个批评所表达的意思是一样的，但前者却比后者更易于被人接受。

当孩子缺乏信心或失去信心时，父母可以适时对他说"嗯！做得不错"或"想必你已用心去做了！"等表示支持的安慰语"感化"他，然后再鼓励他："如果能再稍微注意一点，相信下次可以做得更好。"这种积极有建设性的检讨态度，才能使孩子不断进步，更加有自信心去与父母沟通问题。

3. 帮助孩子找到长处

家长应该永远是孩子的坚强后盾，当孩子遭受失败时，家长有责任鼓励他，教会他怎么应对困难。任何人都有长处和短处，假如孩子只知道自己的短处而不懂发挥长处是对他

极其不利的。

有些孩子有音乐天赋，有些孩子会绘画，有些孩子能言善辩……如果孩子喜欢做某件事，不妨鼓励他发展这项爱好，因为专注或擅长一件事情能帮助孩子建立自信。

自信对于孩子智力发展影响很大，可是很多孩子在人生刚刚起步的阶段，就因"一刀切"的教育模式而丧失了自信心。因此，父母一定要重视起来，帮助孩子重建信心，正视自己，如此孩子才能健全地成长。

第六章

教孩子勇敢不胆怯：人生路上让自信自强伴他成长

父母总希望自己的孩子拥有足够的勇气。培养孩子的勇气，成为家庭教育的重要内容，对内向、胆怯的孩子尤为如此。尝试是勇气的一种表现，在成长的过程中，孩子需要这种勇气去应对生活中各种各样的变化。

鼓励孩子战胜成长中遇到的困难

家长都希望孩子的人生能一帆风顺，在孩子遇到困难时，很多家长往往会亲自为孩子扫清障碍，但却忽略了孩子应该从小学会尝试自己解决困难，并在这一过程中获得自信。家长不妨放手，哪怕仅仅给孩子一句鼓励，让他鼓起勇气自己直面困难。

培养孩子的勇气必须从家庭教育开始。家长应鼓励孩子去战胜成长中遇到的困难。在遇到问题的最初阶段，孩子可能会不知所措，也有可能因受到伤害而产生抵触情绪，丧失了自己解决问题的动力。但学会战胜困难是一个孩子成长不可缺少的过程，所以我们要放手让孩子自己去尝试。

那么，父母该怎样帮孩子克服胆怯，让他鼓起勇气面对生活中的种种问题呢？

1. 让孩子树立自信心

树立自信心是战胜胆怯退缩的重要法宝。胆怯退缩的人往往缺乏自信，对自己是否有能力完成某些事情表示怀疑，

结果可能会由于心理紧张、拘谨，把原本可以做好的事情弄糟了。因此，父母应教导孩子在做一些事情之前先为自己打气，相信自己有能力发挥自己的水平，然后按照自己的想法去努力就可以了。

2. 扩大孩子的交际圈和拓宽孩子的接触面

有些孩子面对众多目光会表现出不安，但这并非因为他们讨厌赞美和掌声，而是因为陌生的人与环境使他们胆怯。因此，家长应有意识地扩大孩子交际圈，拓宽孩子的接触面，让孩子经常面对陌生的人与环境，逐渐减轻不安心理。闲暇时，带孩子和邻居聊上几句，让孩子与同龄朋友一起玩耍，建立友谊；经常带上孩子到同事、亲戚家串门；购物时可以让孩子帮忙付钱；节假日，一家三口背上行囊去旅游，让孩子置身于川流不息的游客潮中……随着见识的增长，孩子面对别人的目光时，便会越来越坦然。

3. 让孩子学会照顾自己

父母要时时处处注意培养孩子的独立性、坚强的毅力和良好的生活习惯，鼓励孩子去做力所能及的事情，让孩子学会自己照顾自己。当孩子遇到困难时，父母不要一味包办，而要让孩子自己想办法解决。

当然，开始时父母要予以必要的指导，让孩子慢慢学会

自己处理各种事，而不能一下子就不问不管，否则会使孩子手足无措，更加胆小。

4. 多鼓励孩子在众人面前表演

有了家长的肯定，再加上外人广泛的认可，孩子的自信心就会得到强化。带孩子走出小家，鼓励他迎着外人的目光勇敢地展示自己，这个过程可能较长，孩子的表现也会有反复，家长应有充分的心理准备。不妨先从孩子较为熟悉的环境入手，亲友聚会是个不错的选择，面对熟识的人，孩子会比较放松。家长可以看准时机，轻声对孩子说："今天是外婆的生日，如果为外婆唱首歌，她一定特别高兴。"家长要注意的是，不要当众大声宣布，要给孩子留有余地，大声宣布带来的众人期盼的目光或是善意的笑声都有可能加重孩子的排斥心理。如果孩子拒绝展示，家长不要再施加压力，给孩子个台阶下："是不是今天没有准备好呀？那下次准备好时再唱吧。"同时，为了减轻孩子的负面情绪，还可以给他一个微笑或拥抱，或找出别的理由对孩子进行肯定。

通过以上这些方法，使孩子获得肯定，体会到战胜困难的喜悦，孩子的自信心便会增强；而自信心的增强，会促使孩子勇于继续尝试战胜更多的困难。也许胆怯的孩子一时并

不能像那些天性外向、开朗的孩子那样直面困难毫不畏惧，但只要能学会勇敢地尝试面对困难，就是在积极进步。长此以往，孩子自然也就不再胆怯了。

克服心理问题，走出交往的第一步

"我是一个四年级的女孩，我很胆怯，并且内心自卑，我在一所很好的学校读书，在班里能排前几名。我有两个很好的朋友，她们比我优秀很多，虽然我知道，我没有那样想的必要，可是我毕竟是个学生，我不能不关心学习。我不知道她们为什么学得那么好。她们甚至有男生喜欢，而我却没有，我不明白这到底是因为什么。久而久之，我就不大愿意跟她们甚至周围的人说话了。

现在，大概我已经被同学们遗忘了，我开始看那些我不喜欢的东西，开始看动漫，开始看小说，我的性格开始变得内向，我现在好茫然，我不知道该怎么办，马上就要开学了，怎么办，我已经不知道该怎么面对学习，面对我的这些同学了。"

人际交往是一门学问，对于社会实践的进行和人生阅

历的积累很重要。童年时期是培养一个人交往能力的重要时期。然而，很多孩子因为一些心理原因，害怕与周围的同学交往，把自己的活动限制在狭小的范围内，长久如此不利于心理健康，甚至导致患上自闭症和社交恐惧症，以自卑为例：

自卑是一种过低的自我评价。轻度自卑者会认为别人看不起自己，而重度自卑者还会自己看不起自己。有自卑心理的孩子在交往中常常是缺乏自信、畏首畏尾。遇到一点挫折，便怨天尤人；受到别人的耻笑与侮辱，仍忍气吞声。实际上，自卑者并不一定能力低下，只是凡事期望值过高，不切实际，在交往中总想把自己的形象完美化，惧怕丑、受挫或遭到他人的拒绝与耻笑。这种心境使自卑者在交往中常感到不安，因而常将社交圈子限制在狭小的范围内。

孩子都希望自己能给别人留下落落大方的交往形象，希望同学喜欢自己，其实，父母只要告诉孩子，他们只要拥有真诚、信任、热情等良好的交往品质，克服自卑等心理问题，走出交往的第一步，就能受到同学的喜欢。慢慢地，孩子的心结也就能打开了。

克服胆怯、摆脱自卑等心理问题、拥有良好的交往品

质是交往的前提，父母一定要找出孩子不敢与人交往的症结所在，帮助孩子把心打开，进而让孩子成为一个受欢迎的人。

让孩子在陌生人面前落落大方地表现自己

父母都希望教育出在人前人后都落落大方、自信十足的孩子，这样的孩子才懂得如何不卑不亢地待人接物。如何让孩子摆脱胆小怕羞、不自信，是困扰许多家长的问题，也是家长急于得到答案的问题。而解决孩子胆怯的问题的一个重要方法就是让孩子在陌生人面前大方地表现自己，这也有助于开阔他的视野，增长他的见识，增强他的阅世能力。

当然，家长在让孩子学会大方表现之前，要先分析出孩子胆小、不自信的原因，然后才能对症下药。一般来说，胆小害羞是孩子进行自我保护的自然行为，随着年龄的增长和与外界接触次数的增多，胆小害羞的行为就会越来越少。但是也有些孩子四五岁或者小学几年级了还是很胆小、很怕羞，这个时候家长就应该重视起来、想办法纠正了。一

般来说，孩子在这个时候依然胆小怕羞的原因主要有以下几种：

1. 幼年时与外界接触比较少

其实，孩子天生是敏感、害羞、多疑的，但后天可以改变。生活中，我们见到的一些胆小怕羞的孩子，多数是婴幼儿期由爷爷奶奶带，不常见生人、不常和小朋友一起玩耍的孩子。一般在学校里长大的孩子都比较胆大、放得开。所以，多带孩子和外人接触，让孩子多见世面，让孩子多多参加集体活动，和小朋友一起玩耍，是纠正孩子胆小怕羞的好方法。

2. 家长不正确的教育

很多家长错误地把孩子的胆小怕羞当作一个大的缺点来对待，急于纠正，还方法不当。这些家长常常人前人后地提醒孩子，有的家长还强迫孩子在陌生人面前表现自己，当孩子不肯表现的时候，为了给自己一个台阶下，又当着别人的面说孩子胆小怕羞。这样不但不能纠正孩子的胆小怕羞，反而会加重孩子的自卑感，使孩子变得更加胆小怕羞。

3. 家长对孩子过于严厉

有些家长对孩子过于严厉，久而久之，孩子就会畏惧家长，敏感于别人对自己的评价。这些孩子对自己的一言一行

非常重视，唯恐有差错，这导致他们在与人交往中表现得不自然、胆小怕羞。

以上这些情况都可能会造成孩子胆小害羞，自信心不足，使孩子对自己在学习和其他方面的能力做出偏低的评价，做事谨小慎微，甚者让孩子变得自卑。因此，家长要营造愉悦、和谐的家庭气氛，消除孩子的紧张情绪。要多鼓励、少批评，抓住孩子的闪光点进行表扬，鼓励孩子勇敢地表现自己、张扬个性。这样孩子就能克服胆小害羞的习惯，变得大方开朗、热情阳光，能在陌生人面前大方表现了。具体说来，家长要让孩子自信地"登场"，还需要做到以下几点：

第一，"巧"邀请。平常我们习惯说："宝宝来为大家表演一个吧！"或是"给大家唱首歌！"不管你的巴掌拍得有多响，对孩子的尊重还是不够的。应换成"宝宝，爸爸想邀请你为大家表演，你觉得是讲个故事还是唱首歌比较好呢？"这句话态度真诚，尊重孩子，巧妙地运用二选一的方法，引导孩子快乐地选择。

第二，举行家庭晚会，创造表演的机会。晚会的时间是固定的，可以每周一次或一个月一次，每个成员都必须出一个节目，形式可以是多样的，如做游戏、个人朗诵或几个

人一起表演小品或情景剧。让孩子通过家庭晚会享受亲子时光，爱上表演。

第三，家长以身作则，为孩子提供有效的"模仿源"。身教对孩子的影响永远比言传要大，可生活中光说不练的家长还是不少的。家长要注意自己跟人交往的方式，在活动中提高自己的参与度和热情度。

这样，孩子就不会"拒演"了。让孩子在陌生人面前大方地表现自己，能提高孩子的社交能力，使孩子能大方与人交往，获得自信心态。

踩着失败的阶梯，不断向前

乔伟从小就命运多舛，他小小年纪就因为一场意外的车祸失去了父亲，不得不和妈妈相依为命。在那之前，他们一家生活得很艰难，但是妈妈很爱乔伟，从来没有让乔伟受到过任何委屈。妈妈总是竭尽所能给乔伟更好的生活条件，其他孩子有的玩具，乔伟也都有。但是爸爸的突然去世，让妈妈陷入了巨大的债务困境之中，为了偿还爸爸留下的债务，妈妈只好忍痛卖掉房子，带着乔伟去一个偏僻的乡村生活。

尽管乔伟只有5岁，但是他的心灵已经充满了忧愁。每当看到其他父母把孩子拥抱在怀中疼爱时，乔伟总是问妈妈："爸爸去哪里了？"面对这样艰难的现状，乔伟越来越自卑，他不想再走出家门，整日把自己封闭起来。妈妈觉察到乔伟的异样，总是给予乔伟最大的鼓励。乔伟很懂事，为了让妈妈放心，他强迫自己走出家门，过正常的生活。然而在其他孩子的嘲笑和讽刺中，乔伟最终还是退缩了，哭着跑回家。

看着乔伟的模样，妈妈第一次对他大发雷霆："你作为男子汉，如果没有勇气去面对这一切，那么你就是个胆小鬼，我可不想要一个胆小鬼当儿子。"说完这句话，妈妈就怒气冲冲地走到房间里，把门关上。妈妈的话始终在乔伟耳边回响，尽管他心中依然有很深刻的恐惧，他不想再面对其他孩子无情的嘲笑和讽刺，但他还是勇敢地走了出去，郑重其事地把自己介绍给其他小朋友，并且主动伸出手要与他们成为真正的好朋友。就这样，乔伟把自己推销出去了，从一个被其他小朋友排挤的人变成了处处受欢迎的人。乔伟的脸上挂着友善而又坚定的笑容，他变得更加坚强勇敢。从此之后，哪怕在生命中遇到再大的困难，他也没有因为恐惧而退缩过。后来，乔伟在人生中做出了

伟大的成就。

恐惧，很多时候来自陌生和未知的事物，即使是勇敢的孩子，在面对未知的一切时，也常常会感到无奈，感到害怕。如果孩子从小生活在小地方，没有见过大的世面，也缺乏人生的经验，他们就更不敢面对陌生和未知的事物。在恐惧的影响下，很多孩子甚至会选择放弃努力。但他们不知道的是，他们放弃了失败的同时，也放弃了成功。当一个人把自己封闭起来，与外界彻底隔离，还怎么可能获得成功呢？实际上，成功不可能一蹴而就，但成功也不是绝不可能获得的。每个人都要勇敢地战胜对失败的恐惧，砥砺前行，才能够在人生中改变怯懦的状态，才能走向成功。

对于孩子面对未知选择放弃，父母其实承担着不可推卸的责任。

明智的父母不会给孩子太多的关照，而是会在陪伴孩子成长的过程中，为孩子提供更多的机会，让他们能够独立自主地去作出选择和决定。在这样的过程中，孩子才能渐渐地消除怯懦，变得更加勇敢、坚定。

相信没有任何父母愿意让自己的孩子成为碌碌无为，平庸无能的人，那么，如何才能让孩子最大限度地创造人生的

价值，取得伟大的成就呢？从现在开始，父母也要变得勇敢一点，对孩子放手，孩子才能勇敢地去战胜内心的胆怯，成为勇气爆棚的真正强者。

记住，每一个成功者都是在经历无数次失败的打击之后，才能够获得成功的。例如，伟大的发明大王爱迪生在发明电灯前，仅仅是灯丝材料就尝试了一千多种，试验进行了七千多次。如果爱迪生不是这么坚韧不拔，整个世界可能会再延迟一段时间才会有灯光。世界上最可怕的不是失败，而是在失败之后一蹶不振。真正的强者，会踩着失败的阶梯不断向前，在失败的道路上奔向成功。

不要惧怕想象，因为想象可能会变成现实

今天很多人都知道台湾作家林清玄的大名，却很少有人知道林清玄在还不满六岁的时候就已经是一个敢于异想天开的孩子了。那个时候，林清玄的家还在农村。他的父母过着面朝黄土背朝天的农民生活，每天父亲去土地里干活的时候，林清玄都会跟父亲一起去。当父亲干活干累了，林清玄就陪着父亲在树底下休息。

有一天，正当林清玄和父亲一起在树底下乘凉休息的时候，突然有一架飞机从他们头顶的上空飞过。林清玄看着飞机居然出神了，直到父亲喊他，他才回过神来。父亲问他为什么要盯着飞机看，林清玄满怀希望地告诉父亲："我长大之后也要坐飞机飞到天上去，还要去特别远的地方。"林清玄的话音刚落，父亲就笑起来。他说："你真是个不知天高地厚的小孩。这样的幻想是根本不可能实现的。你还是老老实实跟我种地吧！"

后来，在小学六年级开始学习地理课之后，林清玄知道世界上有个地方叫埃及，埃及还有金字塔呢！于是，他又告诉父亲："爸爸，长大之后，我一定要去埃及看一看金字塔。"父亲认为林清玄异想天开，不切实际，非常生气，还狠狠地责骂了林清玄一通。此后，林清玄不管有什么梦想，都会隐藏在心里，再也不和父亲倾诉，而他心中对于实现梦想的渴望，却没有一刻停止过。直到有一天，林清玄坐在埃及的金字塔下给父亲写了一封信，还随信附上了自己在金字塔下的照片。林清玄终于实现了在父亲看来异想天开的梦想，而如果没有当初异想天开的梦想，他就又怎么可能成就今日的自己呢？

面对父亲的打击，林清玄始终没有放弃梦想，更没有

一刻停止过对于人生的期望和憧憬。一个人如果连想都不敢想，更不要说真正去做了。只有敢想的孩子才敢干，只有敢干的孩子才有可能获得成功。作为家长，你有了解过孩子的梦想和憧憬吗？你可曾因为孩子异想天开而指责他吗？孩子有异想天开的梦想，我们不应指责孩子，而应鼓励孩子像林清玄一样把梦想始终牢记在心中，并且为了实现梦想而不懈努力。终有一天，我们和孩子会为他实现了异想天开的梦想而骄傲，也会为孩子成就了他自己而骄傲。

如今，很多年轻人都习惯于网购，也对改变了传统购物模式的马云感到非常敬佩。实际上，马云在创业之初并不为大家所看好，正是因为他坚持自己的想法，从不放弃，他才能一往无前地在人生的道路上创造奇迹。如果当初马云放弃了梦想，那么中国此刻的购物或许就不会这么便捷。

马云曾说，是懒惰的人改变了这个世界。这是因为懒惰的人更喜欢异想天开，为了让自己生活得更加舒适惬意，他们总是想出各种奇妙的主意，改变生活，为生活增加便利。当然，我们要让孩子做到不懒惰，同样也充满创意。生活的改变离不开创造力，甚至整个国家和民族的进步都需要通过创造力来不断推进。孩子要勇往直前，才能最大限度激发出

他们自身的潜能，才能为社会和时代的进步贡献一份力量。我们要告诉孩子：不要惧怕想象，因为终有一日想象可能会变成现实。

真正的强大，是来自内心的力量

初中毕业后，因为家境贫困，华罗庚退学回到家里，和父亲一起经营着家里的小生意。在忙着服务顾客的同时，华罗庚没有忘记要坚持自学。每天他都利用工作之外的时间点灯熬油地苦读，渐渐地，他的身体越来越吃不消，最终居然染上了严重的伤寒。靠着顽强的意志，华罗庚半年之后战胜了伤寒，但是他的左腿却因此重病而终身残疾了。

当时，华罗庚只有19岁，但是他没有被这个沉重的打击击垮，相反，他想起古今中外很多伟大的人都是在饱经磨难之后勇敢崛起，创造人生奇迹的。他暗暗鼓励自己一定不能自暴自弃，而要用头脑弥补左腿的残疾，让自己成为有价值的人。就这样，罗庚勇敢地站起来，他拄着拐杖，白天继续和父亲一起打点家里的小生意，晚上则点着煤油灯自学到

深夜，甚至是凌晨。1930年，华罗庚在科学杂志上发表了一篇论文，引起了清华大学数学系主任熊庆来教授的注意。熊庆来教授很爱惜有才华的青年，便找机会把华罗庚招募到清华大学当助理员。到清华大学后，华罗庚的学习条件得到很大的改善，他白天工作，晚上学习，在浓厚的学术学习氛围中，他的学术能力和水平突飞猛进。

如果华罗庚因为小小的挫折就放弃努力，就不可能有后来的成就。正是因为他在一切的打击和磨难面前始终坚持不懈，他才能够最终站起来。虽然他身体残疾了，但是他的心灵无比强大，使他有足够的力量面对人生，在生命的历程中创造让人瞩目的伟大成就。

有的人认为人生是漫长的，漫长得看不到终点；而有的人却认为人生如同白驹过隙，是非常短暂的，转眼即逝。归根结底，人生是一场没有归途的旅程，没有人知道人生的终点在哪里，也没有人能够买到人生的回程票。一个人要想度过充实的、无怨无悔的一生，就一定要抓住青春年华，这样才能够在有限的生命中创造自己的价值，证明自己存在的意义，从而给自己更好的交代。相反，如果一个人总是怀着游戏人生的态度肆意挥霍宝贵的时间，那么这个人必将被整个社会所淘汰和厌弃，他的人生也必定碌碌无

为，一无所成。

我们一定要从小就培养孩子自己成为人生主宰的意识，这样，他们才能够驾驭人生，成为人生真正的主人，也有效地创造他们生存的价值。否则，孩子很可能就只能被人生凌驾，成为人生的奴隶，导致自己在人生之中碌碌无为，终究无法做出任何有意义的事情。我们也要帮助孩子获得真正的自信，这样，他们才能不断地强大起来。而不会失去人生的方向，迷失自己。

人生不如意十之八九，对于每个人而言，生活从来都不是一帆风顺的。孩子正处于成长的关键时期，遇到的各种各样的坎坷和挫折对他们的影响更大。我们要告诉孩子：不要因为人生多磨难，就对人生失去信心。要知道失败是成功之母，真正伟大的强者，能够把失败作为阶梯，踩着它，不断地向上、前进。相反，如果总是陷在失败的困境中无法自拔，那么整个人生就会沉沦下去。其实人生又何尝不像是攀登山峰呢，要想到达顶峰，就必须非常努力，踩着嶙峋怪石，踩着绵延不断的阶梯，努力向上，在没有路的时候甚至要手脚并用，抓住荆棘往上攀爬。

人生正是如此，也唯有如此，才能够真正地到达成功的巅峰。我们要教育孩子，在人生的长途跋涉中，要坚持不

懈，不要被一时的软弱打倒。就连背着沉重的壳的蜗牛都能不断前行，更何况是勇敢坚强的孩子呢？真正的强大是自立自强，是在遇到任何苦难和打击的时候，都决不放弃努力，是不到最后一刻绝不轻言失败。真正的强大，也是一种来自内心的力量，能够支撑每一个生命足够坚强和坚持。

第七章

教孩子不嫉贤妒能：孩子不去攀比
才能更好地进取

嫉妒心理是一种十分普遍的情感，会带来负面影响，但也并非不能克服。在孩子的成长过程中，我们要正确引导孩子克服嫉妒心，帮助他们把嫉妒转变为欣赏，从而更加完善自己。

克服嫉妒，培养宽广心胸

嫉妒心是在自己因不如别人优越而有了失落感时才会产生的。嫉妒是对无意或有意竞争者在某些方面超越自己的人的一种忌恨。一般来说，一个人并不对所有的人产生嫉妒，只会嫉妒比自己强的人。一个人在与比自己强的人在一起而产生嫉妒时，内心就会感到痛苦并产生情绪上的抵触和对立，使这个人把这种情绪发泄到对方身上。

而对于一个孩子而言，如果他的心被嫉妒吞噬，他的成长就势必会受到影响，所以，家长必须引导孩子克服嫉妒，培养宽广心胸，根除孩子的嫉妒心。为此，家长可以参考以下几种做法：

1.胸怀开阔些，目光放远些，嫉妒就无处藏"心"

有位妈妈这样陈述自己的教女经验："小时候女儿常说：'我比她画得好，为什么不能去比赛''她有芭比娃娃我没有'，这是典型的嫉妒语言。上学后，因为女儿有更多机会和同伴比较，她的嫉妒也变得更明显。我认为嫉妒的根源是自私，只想自己，不为他人或集体考虑。症结

是胸襟狭窄，容不得他人好。因此，我让女儿躲开嫉妒毒果，是从帮她改掉自私开始的。道理很简单，谁不想成功，谁不为自己的成功和优秀而高兴？而人都有长处和短处，怎么可能你一人处处都优秀，他人处处都平庸呢？说到底，矫正嫉妒心理，实际上就是抑制以自我为中心的奢欲。我的教育是有用的，有次班上成绩最好的同学考试忘记带笔，女儿把笔借给了她。事后女儿说：'帮助别人、为别人的优秀而高兴，是很愉悦的。'确实如此。女儿的开朗大度为她赢得了友情，她现在是班里最有亲和力的人。我想，孩子有了开阔的胸怀，能将目光放远，嫉妒还能伤害他们吗？"

2. 接纳孩子的情感，帮助孩子从嫉妒中解脱出来

面对孩子的嫉妒，首先不能言辞激烈地去指责他、批评他，而应该耐心聆听他对这种感觉的描述。这时孩子最需要有人聆听他的倾诉并能理解他和体谅他。孩子的嫉妒心随时会冒出来，父母可能难以一下子彻底消灭它，但可以通过接纳理解孩子，然后运用智慧，让孩子把这种情绪转化为激发潜能的动力。

3. 父母的爱和榜样作用是化解嫉妒的良药

父母要给孩子足够的爱，不能吝惜对孩子的鼓励和称

赞，让孩子有安全感和幸福感。这样，孩子就不容易因别人比自己更优越而嫉妒，不会沉浸在对别人的艳羡之中，反而会自信地发展自己的优势。更重要的是，父母的爱还能让孩子拥有难能可贵的品格——大度和热情。而大度和热情是对嫉妒很好的抵抗剂。

此外，父母要把握孩子的嫉妒心，更要把握好自己可能流露的嫉妒心，当邻居搬了新居、当同事得到晋级等，我们可能也会情不自禁地产生嫉妒，这时，应避免在孩子面前流露出自卑或对他人的讽刺、攻击。

4. 帮助孩子建立自信，化嫉妒为进取

父母一定要用适当的方法让孩子把嫉妒变成自己奋斗的动力，这对孩子获得友谊和性格的形成都是至关重要的。

父母不妨和孩子制订计划，一方面虚心学习，和被嫉妒的孩子探讨学习方式，争取赶上对方；另一方面扬长避短，发扬自己的长处，如孩子数学基础扎实，家长就可以让他继续努力创造出让人羡慕的成绩。

一个从小就习惯怨恨、嫉妒别人的孩子是不可能真心待人的，更不可能拥有善解人意的性格，这样的孩子只会把自己的缺陷归咎于别人，而不会努力地改进自己的不足。父母是孩子人生的导航人，帮助孩子培养出好性格，才是给了孩

子积极成长的资本！

放开眼界，毕竟学无止境

谦虚使人进步，骄傲使人落后。因为一个谦虚的人能学到更多东西。任何人，只有谦虚而不骄傲，承认人外有人，天外有天，认识到学无止境的含义，才能放开眼界，不断地吸收新的知识。而现代社会，很多孩子出生于独生子女家庭，很多父母并没有彻底了解该如何培养孩子，精神教育的缺乏让这些孩子很容易骄傲自大，而这往往阻碍了孩子的长远发展。

列夫·托尔斯泰说："一个人就好像是一个分数，他的实际才能好比分子，而他对自己的估价好比分母，分母越大，则分数的值越小。"

人人都喜欢谦虚的人，而不会与自以为是的人为伍。即使是在提倡"毛遂自荐"精神的今天，谦虚依然是一种伟大的美德。谦虚如同一张通行证，持有它的人可以畅通无阻地行走于社会，因为谦虚的人更知道进取。那么，父母应该怎样培养一个谦虚的孩子呢？

1. 不要过度夸奖孩子

父母对孩子过分的夸奖与肯定，很容易使孩子产生骄傲情绪，认为自己是最优秀的。这种骄傲情绪一旦产生，想要再纠正就困难了。

当今很多父母喜欢在众人面前炫耀孩子在这方面或那方面的"与众不同"，这就很容易使孩子产生骄傲情绪。事实上，一些潜质很好的孩子之所以没能如愿地在未来成为栋梁，他的骄傲自满、狂妄自大是重要原因之一。

骄傲自大的孩子往往不屑于与别人交往，心胸变得很狭窄。他们虽能取得一定的成绩，但往往只满足于眼前取得的成绩，而且他们看不到别人的成绩。只有谦虚的孩子才有机会看清自己，看清别人，从而博采众家之长。

2. 经常给孩子讲一些优秀人物的故事或者一些浅显的道理

如"水满则溢"的故事：一个容器若装满了水，稍一晃动，水便会溢出来。一个人若心里装满了骄傲，便再也容纳不了新知识、新经验和别人的忠言了。故古人云："满招损，谦受益。"

3. 成为孩子的榜样

父母切不可有骄傲自满的表现，因为一个尚未形成价值

观、社会观的孩子极易受父母的影响。父母也应谦虚，成为孩子的榜样。

4. 为孩子创造一个好的氛围

父母要为孩子创造一个有利于培养孩子谦虚品质的大环境，同时配合老师。在教育孩子谦虚的同时肯定孩子的长处，让孩子认识到谦虚能使人不断进步。

一个人不管有多丰富的知识，取得多大的成绩，或是有了何等显赫的地位，都要谦虚谨慎，不能自视过高。孩子也一样，谦虚的孩子更知道进取，不断探求知识和人生的路。一个心胸宽广，能博采众长，不断地丰富自己的知识，增强自己的本领的孩子必能创造出更好的人生业绩！

挖掘孩子的潜能，让孩子发现更好的自己

日本的宗一郎像狗一样嗅车子漏下的汽油，英国的牛顿在风暴中玩耍……在别人看来他们的样子或许很可笑，但其实他们是在尝试其他孩子没有兴趣尝试的东西。如果父母对其不理解并横加指责，就会扼杀一个孩子潜能，这岂不可惜。

要想挖掘出孩子的潜能，引导孩子发现更好的自己，家

长需要做到以下几点：

1.解读孩子的行为

有位网友提到一件趣事："邻居家7岁的孩子被他爸爸打了，原来这孩子不知道从哪里找来了一只受伤的鸟，然后将鸟绑在了炮仗上，点着了炮仗，鸟随着炮仗飞上天后被炸死了。爸爸妈妈打骂完孩子之后，才知道孩子的想法：他想把受伤的鸟送上蓝天……"

其实，不少家长在教育中也总是有这样的习惯：对于孩子的行为，自己没有理解，也没有努力去尝试理解，就直接认为孩子的做法是错误的。这是对孩子极不负责任的做法。在这样的教育下，孩子能有多大的发展呢？

因此，家长要去解读孩子的行为。孩子的行为，很多都是他对未知世界的一种探索，对于一些事情，孩子的做法甚至比大人的更有技巧。父母解读孩子的行为，明白孩子的本来目的后，更容易找出适合孩子的教育方法，也不至于因误解而扼杀了孩子的成长。

历史上的很多天才的行为，在一般人看来，是不可思议的。如果后来他们不能成为天才，他们的这些举止将永远成为别人的笑柄，更会成为他们被认定为傻子、疯子的有力证据。

2.换位思考，挖掘出孩子"行为"背后的积极动机

法国儿童喜剧片《巴黎淘气帮》里有这样一群孩子：他们为了让妈妈高兴，就趁着妈妈不在家的时间，给家里做个大扫除，结果把家里弄得一塌糊涂，沙发被划破了，地板被擦花了，甚至家里的小猫都"不幸"被扔进了洗衣机。其实不少家庭都发生过类似的事，孩子想讨好大人，却好心办了坏事，因为他们没有生活经验，此时，我们不应该责备，而是应该告诉他们正确的方法。

3.从孩子的行为中开发其潜能

孩子一些看似捣蛋调皮的行为，其实正区别开他们与其他孩子，也是他们具备某一潜能的体现。不少天才之所以能成功，就是因为他们的父母能从他们的行为中看到他们的潜能，知道那些举止是天才诞生的开始，有意识地支持孩子的行为，帮助他们开发潜能。

总之，父母要明白一个道理：解读孩子的行为，便于更好地教育孩子，天才也就是这样养成的。如果我们能走进孩子的内心世界，真正了解孩子的"行为"，去引导，去鼓励，去帮助，孩子就能健康成长、顺利成才！

无须与他人比较

一直以来，小丽都觉得自己的内心沉甸甸的，似乎压着块巨石，总是喘不过气来。实际上，小丽并不是不优秀，她的学习成绩在班级里名列前茅，而且她有丰富的兴趣爱好，不但擅长唱歌跳舞，还擅长绘画，简直就是个多才多艺的大家闺秀。然而，小丽依然对于自己不满意，她虽然学习成绩很好，但是总是屈居于楼下的邻居——爸爸妈妈同事家的孩子——小雅之后。原来。小雅自从升入初中，就是班级里雷打不动的第一名。对于小雅，小丽从羡慕到嫉妒，现在就变为怨恨了。她想不明白为何自己不管如何努力，都会被小雅比下去。

小丽越来越不快乐，原本优秀的女孩，陷入了被动的状态之中，学习成绩也有所下滑。妈妈不知道小丽发生了什么事情，误以为小丽早恋了。后来，在妈妈的引导下，小丽才说出了心中的苦恼，妈妈安慰小丽："乖女儿，你已经非常优秀了。你只要与自己比，不要与别人比。你想，你的学习成绩从小学到现在都出类拔萃。最重要的是，你在紧张忙碌的学习之余，还能兼顾兴趣爱好的发展，其实你的付出和努力，爸爸妈妈都看在眼里，爸爸妈妈也始终以你为骄

傲呢！"小丽郁闷地说："但是小雅的成绩每次都比我高几分。"妈妈说："当然，你想要赶超小雅的意识也是好的，毕竟竞争无处不在。不过，你只要努力、尽力就好，没有必要因为自己不能超过小雅而觉得苦闷。你既要看到小雅的长处，也要看到自己的长处，这样才能以愉快的心情享受自己的人生。"在妈妈的劝说下，小丽终于解开了心中的疙瘩，再也不觉得自己不如小雅，也不为此而郁郁寡欢了。

在这个事例中，优秀的小丽之所以总是闷闷不乐，就是因为她总是拿自己的考试分数与小雅比。实际上，对于多才多艺的小丽而言，能够实现均衡发展已经是非常厉害的，根本没有必要盲目地和小雅比。

每个人都有自己的优势和特长，我们既不应拿自己的优点和他人的缺点比而盲目自信，也不应拿自己的缺点和他人的优点比而盲目自卑。人不是为了比较而存在，每个人都有自己存在的价值和意义，也有自己的人生目标和规划，只有放下比较，在人生之中更加坦然从容，才能真正活出自我，拥有独属于自己的成功人生。

在人生的舞台上，我们最重要的就是扮演好自己的角色。也许我们没有显赫的家世，也没有独特的才华，但是我

们有一颗坚定不移的心。试想，一个人如果连自己都不能接受和善待，又如何敞开心扉和怀抱拥抱这个世界呢？现实生活中，很多孩子对自己不满，有的孩子嫌弃自己长得不够高，有的孩子觉得自己的皮肤不够白，还有的孩子怪自己不会投胎，没有一个马云当爸爸。当一个人对于人生始终怀着抱怨的态度，那他只会越来越被动，陷入怪圈之中无法自拔。对于任何人的人生而言，最重要的在于要接纳自己，悦纳自己，认可自己，欣赏自己。与此同时，还要怀着宽容的心接纳他人，真诚地肯定和欣赏他人。在这个世界上，每个个体都是彼此独立又彼此影响的。当然，人与人的能力和水平也参差不齐，不尽相同。在这种情况下，我们唯一要做的就是成就最真实美好的自己，而无须把自己与他人比较，更无须因为比较而让自己的内心失去平静，陷入动荡不安之中。

让孩子想清楚这一点，他们才能摆脱盲目自卑，才能在生命的历程中扬起自信的风帆，怀着充足的信心和莫大的勇气，在人生之中远航。

换位思考，让孩子心中装得下别人

　　家庭是孩子的第一所学校，父母是孩子的第一任老师。也有人说：家庭是孩子的一面红旗，父母是孩子的一面镜子。父母对孩子的影响是很大的。当今社会，很多孩子以自我为中心，很少会为别人考虑，这往往与不恰当的教养方式有关。为了让孩子健康地成长，每位家长都有责任在孩子的心灵播撒一颗爱的种子，让这颗种子在孩子的心灵生根发芽，使他的心中装得下别人。

　　自我中心是儿童早期自我意识发展的一个必然阶段。新生儿处于蒙昧未开的状态，没有客我之分，他们不知道吮吸着的手是自己的，也不知道吮吸着的其他东西不是自己的。到了两三岁，孩子的自我意识开始萌芽，开始把自己从他人和外界事物中区分开来，学着使用"我要""我有"和"我的"等带有第一人称的代名词。此时，自我意识发展到自我中心阶段。在此阶段，儿童以自我为中心观察世界，认为周围的人和事物都跟自己密切相关。他们往往从自我角度来进行行为选择和活动设计，而不考虑他人。

　　随着孩子交往活动的增加，孩子逐渐有了他人意识，进而逐渐认识自我和他人的关系。到了四五岁，儿童不仅能够

知道自己的行为会给自己带来什么好处，还能够进一步理解到自己的行为会给周围人带来什么好处。此时，我们可以看到儿童愿意为了集体活动的成功而行动。

可以说，自我中心人人都有过，只是发展上存在个体差异。如果一个孩子的自我倾向过于严重，到了六七岁还停滞在自我中心阶段，就意味着这个孩子高级心理机能的发展不充分。这样的儿童往往把注意力过分集中在自己的需求和利益上，不能采纳他人的意见。对于与他认识不一致的信息，决然不能接受。因为他不懂得，除了自己的观点之外，还可以有别人的观点；他认为别人的心理活动和自己的心理活动是完全一样的。

因此，家长应在孩子三四岁时开始引导孩子克服自我中心的心理。这就需要家长教导孩子学会换位思考。

1. 让孩子清楚自己的份额

从孩子三四岁起，就要让孩子开始认识自己在家庭中的位置。例如，有了好吃的，不要只留给孩子一个人吃，可以根据家里的人数分成几份，让他知道自己的食物只是其中的一份，而不是全部，懂得与人分享的概念。如果爸爸妈妈舍不得吃，可以留给孩子，但是要让孩子知道这种"优待"源于父母的爱，并不是理所当然的。

2. 让孩子学会分享

在许多人眼里，帮助他人，意味着付出，其实更多的人在助人的过程中发现了快乐。让孩子尝试与人分享，体会与人分享带来的快乐，以后他就会更愿意与人分享了。

坚定自信，重塑自我

一位来自城里的记者询问在夜间忙碌的农民："为什么要在夜间翻地呢？"农民回答说："在夜间翻地，野草的生长率会降到2%，但若是让野草接触到一缕阳光，它们便会快速生长，生长率高达70%呢。"听到这样的回答，记者惊呆了，但并不是因为野草对农作物的影响大大减小，而是因为野草诠释着生命之美。野草，本来是多少不起眼的小生命啊，但是，一缕阳光赋予了它生命力后，它便怀抱自信，冲破黑暗。就连野草这样卑微的生命都对自己充满了信心，我们为什么要自卑呢？

自卑是一种因过多的自我否定而产生的自惭形秽的情绪体验。有些孩子对自己缺乏信心，过度关注自己的缺陷和能力的不足，导致心理承受能力十分脆弱，经不起较

强的刺激。他们很容易猜疑、嫉妒他人，总是畏首畏尾、瞻前顾后。或许他们本可以成为优秀人才，但是，由于自卑，他们看不到自己的特长，不敢发挥自己的优势，最终只能碌碌无为。自卑，就好似是一个陷阱，阻碍人们继续前进。因此，让孩子丢掉自卑，让自信的阳光洒满他们的心房吧。

其实，很多时候，自卑源于人们内心的比较，一个人越比较就越容易觉得自己处处不如人，结果，内心就越来越自卑。但所谓"天生我材必有用"，上天从来都是公平的，它会眷顾每一个人。当它为一个人关上一扇门的同时总会为他打开一扇窗户，不过，如果孩子总是怀着自卑之心，又怎么能得到上天的眷顾呢？ 自信是一个人跨越成功门槛的动力，让孩子丢掉内心的自卑，提升自信，这样，他向前的脚步才会变得更加轻盈。

读过《简·爱》这本书的人都会被那个自信的女孩所吸引，在书中，家财万贯、性格孤僻的庄园主罗杰斯特为什么会爱上地位低下而又其貌不扬的家庭教师呢？答案其实很简单，因为简·爱自信、自尊，富有人格的魅力。正是这种自信，使她获得了罗杰斯特由衷的敬佩和深深的爱恋。有人在研究当代世界名人的成长经历之后都会发现，这些名人对自

我都有一种积极的认识和评价，表现出相当的自信。坚定的自信心，不仅使孩子不断进取，达到既定目标，而且，使孩子在性格上重塑自我，增添人格魅力。

第八章

树立正确的金钱观和消费观：不要因金钱和欲望而走上歧途

有时候，生活中的一件小事就可以影响孩子的一生。而父母给孩子钱的态度，影响着孩子的金钱观；父母的消费行为，也影响着孩子的消费观。让孩子正确认识金钱、理性消费是很重要的。父母只有做到以身作则、正确引导孩子，才能让他们拥有正确的金钱观和消费观。

从小培养孩子正确的金钱观

丛飞原名张崇，生于辽宁省盘锦市大洼县庄台镇的农村，自小努力上进。他虽收入并不丰厚，但进行了长达11年的慈善资助，他资助了183 名贫困儿童，累计捐款捐物300多万元，被评为100位新中国成立以来感动中国人物之一。

丛飞是一名歌手，一名深圳首批"义工"，一名被确诊为胃癌的患者，他8年间义演300多场次，义务服务时间加起来超过3600个小时，他不仅"唱"而且"捐"。他一路走来一路行善。

在义演舞台他是歌手丛飞，在178个孩子口中他是爸爸丛飞，在深爱他的妻子心中他是男人丛飞，在许多人眼里他是好人丛飞。丛飞是著名歌唱家郭颂的"关门弟子"，他每场出场费上万元，可整整10年，他"一穷二白"，没有积蓄，家里甚至没有电冰箱，同行几乎都有小车、住房，而他出门却是一辆自行车，后来才按揭购买了一间58平方米、一室一厅的小房。除了日常的开支，他的收入几乎都用于捐助四川、贵州等山区因贫困而辍学的儿童。

面对弱势群体，面对失学的学生，面对那些需要帮助的人，他付出难能可贵的温情和真情，他那无私奉献、博大的爱，催人泪下，令人肃然起敬。

爱心大使丛飞生前立下遗嘱捐献眼角膜，作为他最后的爱心之举，为活着的人留下光明。在去世前的10天，丛飞和父亲向医院郑重提出：停止静脉补药治疗，仅保留镇痛治疗。丛飞说："我希望能把这些费用用到其他有治疗价值的人身上。"他去世后捐出的眼角膜使5名眼疾患者受益。

丛飞的故事感动了很多人，我们在感动之后，也应该重新审视自己的金钱观，树立正确的金钱观，把钱用在最需要的地方。同时，我们也要培养孩子有正确的金钱观。那么，具体应该怎么做呢？

1. 让孩子知道：金钱是来之不易的

我们要让孩子明白：金钱对于每一个人来说，都是需要付出劳动才能获得的。他们现在还处于学生阶段，所花费的每一分钱都是父母通过劳动换来的。要让他们体会父母工作的辛苦，父母给他们的每一分零花钱，都是来之不易的。

2. 让孩子学习父母对金钱的合理分配

我们在生活中需要合理分配金钱来维持正常的日常消费。我们可以让孩子了解我们是怎么在衣食住行上分配金钱

的。我们也可以教孩子如何分配他们的零花钱。比如，要用多少钱来买书买学习用具等，让孩子养成不乱花零花钱的好习惯，珍惜父母的每一分辛苦钱。

3.父母要以身作则，言传身教

在教育自己的孩子时候，我们一定要言行一致，要以身作则，这样孩子才能从他们观察中学到正确的东西。其实，孩子的很多品行都是直接从父母身上学到的，父母有正确的金钱观，那么孩子自然也会耳濡目染，对于金钱的问题上就会处理得当。

最后，家长要知道钱是个双刃剑。从小培养孩子正确的金钱观、价值观、在金钱上面的责任感，比最后给孩子留下财产更重要。

该花的钱花，不该花的钱就不花

1949年8月，中国人民解放军路过雷锋的家乡。雷锋看见宿营的队伍一住下来便向老乡问寒问暖，还帮助老乡挑水、扫地，买柴买菜按价付钱，不拿群众一针一线，就从心底萌生了参军的愿望。雷锋找到部队的连长，坚决要当

兵。连长得知他苦难的身世后，告诉他，他还小，等长大了才能当兵，并送给了他一支钢笔，鼓励他要好好学习，长大了才能保卫和建设祖国。

1959年12月初，新一年的征兵工作开始，雷锋如愿以偿地加入了人民解放军。

一次，雷锋外出，在沈阳站换车的时候，一出检票口，就发现一群人在围看一个背着小孩的中年妇女，原来这个妇女从山东去吉林看丈夫，车票和钱丢了。雷锋使用自己的津贴费买了一张去吉林的火车票塞到妇女手里，妇女含着眼泪问："大兄弟，你叫什么名字，是哪个单位的？"雷锋说："我叫解放军，就住在中国。"

雷锋被战友称为可敬的"傻子"。

雷锋把自己的藏书拿出来供大家学习，他放书的地方被人们称为"小小的雷锋图书馆"。他帮助同志学习知识，同班战友乔安山文化程度低，雷锋就手把手地教他认字、学算术。同班战友小周的父亲得了重病，雷锋知道后，就以小周的名义给小周家里写了信又寄去10元钱。战友小韩在夜里出车时棉裤被硫酸水烧了几个洞，雷锋值班回来发现后，就把自己的帽子拆下来，一针一针地为小韩补好裤子，轻轻地盖在他身上。知道这个情况的乔安山对小韩说："为了给你补裤子，雷锋半宿都没睡！"

雷锋的故事大家都学习过，雷锋的精神是大家学习的榜样。雷锋自己舍不得花一分钱，在国家或者是需要的人身上却从来都不吝啬。他认为，这样才是把钱用对了地方。

孩子每年过年的时候都会有压岁钱，他们在拥有这笔压岁钱的时候，有没有把钱用对了地方呢？他们是不是也能像雷锋一样把这些压岁钱拿来做些有意义的事情呢？比如，可以买些书寄给贫困山区的孩子们，给爷爷买个新的茶杯等。

让孩子懂得如何把钱用在对的地方很重要，那作为父母的我们，具体应该怎么做呢？

1. 让孩子请教父母

我们可以告诉孩子，当他们不知道如何使用自己的第一笔零用钱的时候，可以去问一下我们。我们在孩子小的时候就要对孩子进行金钱观念的教育，要让孩子懂得金钱来之不易，要让孩子知道，在力所能及的情况下，要去帮助那些需要我们伸出手去帮助的人群。

2. 用零花钱做有意义的事

零用钱对于孩子来说，是一笔非常可观的财富，可能他们会想买自己渴望已久的一套图书、一件喜欢的玩具、一件父母没有答应给他们买的衣服等。这些都是有可能的。我们

也可以引导孩子用这些钱来做些有意义的事情，比如，可以让他们买点糖果去福利院分给那里的孩子们，买几本书籍送给希望小学的孩子们。这样用零花钱帮助了别人，别人开心他们也会开心。

3. 有正确的金钱观念

我们应该培养孩子正确的金钱观念和消费观念，能够正确地认识、支配金钱。我们可以让孩子了解我们一般是怎么理财的，一来可以使他们变得节俭，该花的钱花，不该花的钱就不花，养成良好的习惯；二来也可以锻炼他们的理财能力。

合理安排"压岁钱"，做个小小理财家

今年春节，小明像往年一样收到了许多压岁钱。妈妈对小明说："你今年长大了，今年的压岁钱由你自己来支配，我希望你能做些有意义的事情。"小明绞尽脑汁，想到了这几个方案：

（1）交作业本费和其他的一些学习上的费用。这样既可以减轻爸爸妈妈的负担，又能够培养自己的家庭责任感。

（2）订阅一些与学习有关和对自己成长有促进作用的

书报，以丰富课外知识，增长见闻，陶冶情操。

（3）把一些钱存入银行，作为以后上高中、上大学的学费和生活费。如果每年都把大部分的压岁钱存入银行，那么到上高中和大学的时候，自己就不必再向父母要学费和生活费了，又能帮父母节省一大笔费用。

（4）留出很少的一部分，等爸爸妈妈过生日的时候，给他们买一份小小的礼物。或者在学校举行捐款捐物活动的时候，捐一些给希望小学的同学们，让他们有课本可以用，有学可以上。

小明把列好的方案给妈妈看，妈妈看完直夸小明长大了，能够合理安排自己的压岁钱了，说小明是个既懂事又聪明的好孩子。

压岁钱对于每个孩子来说都是非常可观的一笔财富，那么，我们的孩子在拥有压岁钱的时候，是不是能够合理地安排呢？我们可以让孩子向案例中的小明学习，把一部分的压岁钱用于自己当前的学习，再存一部分用于将来的生活和学习，最后可以留一点当作零花钱。我们应该让孩子学会合理地安排自己的压岁钱，不随便乱花钱。

随着时代的发展，现在有的孩子的压岁钱越来越多，在孩子有这么多压岁钱的情况下，家长应该让孩子树立正确

的理财观念，让孩子从小就能够合理地安排自己每年的压岁钱。那么，家长具体应该怎么做呢？

1. 要作正确的教育和引导

现在的孩子能够拿到几千元甚至更多的压岁钱，有的家长觉得应该全部给孩子，让孩子自己去支配；有的家长则把孩子的压岁钱全部收回来，觉得孩子过早接触金钱是不好的事情。到底哪种更能培养孩子的财商，让钱能够正面地影响到孩子？其实，我们可以先帮孩子们管理这部分压岁钱，如做基金定投，如此一来，在孩子以后上高中、大学的时候就可以用到了。日后孩子在自己管理压岁钱的时候，也应该让他们像爸爸妈妈那样合理规划他们的教育准备金。

2. 合理规划压岁钱

我们应让孩子懂得事情有轻重缓急之分，他们在拿到压岁钱的时候，应该先用它去解决最重要的事情，那就是他们的学费以及学杂费的问题。在这件事情解决之后，就可以考虑把剩下的一部分存到银行，以备以后再用。有些孩子可能会把大部分的钱都用来买自己喜欢的玩具、衣服等，这样是不可取的，学生应该以学业为重，应把时间和金钱主要投入到学习上。

3. 在力所能及的情况下让钱花得更有意义

父母应该从小教育孩子，要帮助有需要的人，不要吝啬伸出自己的双手。在经济落后的偏远山村，还有许多因为没钱而不能上学的小朋友，捐出的100元钱就可以让一个小朋友上完一个学期的课。大家都共同生活在同一片蓝天下，我们的孩子可以帮助那些有需要的小朋友。让孩子把压岁钱花得更有意义。

我们应教育并引导孩子合理安排压岁钱，培养他们正确的金钱观，锻炼他们的理财能力，他们成为"小小理财家"。

花钱有计划，合理使用每一分钱

11岁的涛涛参加妈妈给他报的"相约清华、北大"夏令营时，妈妈又额外给了他600元的零花钱，并一再叮嘱涛涛不要随便乱买东西。涛涛没有听妈妈的话，他心里窃喜的是：不仅能够去游览名校，还能够自由支配600元"巨款"。

一路上，涛涛每到一处，只要是看见新鲜的小玩意，就

一定要买上一件，于是，涛涛将600元钱全部用来买了并没有多大用处的小玩意。

兜里没有一分钱的涛涛打电话向妈妈求助，妈妈听完涛涛没钱的原因后非常生气，她告诉涛涛："我跟你说了不要乱花钱，你为什么还是不听？我不会给你打钱的，也不允许你向同学借钱。剩下的几天，你就好好地反省一下。"

听了妈妈的话，涛涛慌了，这时，与涛涛同行的小伙伴向他伸出了友爱之手，小伙伴们给涛涛筹集了50多元钱，还给他买了面包和饮料。

夏令营结束的时候，涛涛向每一个参加夏令营的小伙伴都赠送了一件自己买的小玩意，伙伴们也都开心地收下了。

回到家，涛涛向妈妈保证以后会听妈妈的话，再也不乱花钱了，不会再买那些没有用的小玩意了。妈妈听了很开心，说涛涛这次参加夏令营长大了不少。

故事中的主人公涛涛，刚开始没有听妈妈的话，把妈妈给他的钱都买了没用的小玩意，在他一分钱都没有的时候，同行的小伙伴帮助了他。最后他知道自己错了，向妈妈保证以后不再乱花钱。妈妈看到涛涛因为这件事而长大，不会乱花钱了之后，也非常高兴，觉得这趟夏令营涛涛去得很值得。

那么，在日常的生活中，我们又应该怎样教育孩子做到不乱花钱呢？

1. 给孩子开个银行账号

对孩子来说，在过年的时候收到的压岁钱，是一笔财富。在这个时候，孩子还不能熟练地支配这些钱，所以，我们可以给孩子在银行开个账号，把压岁钱都存进银行，当他们需要用钱的时候我们再帮忙取出来。这样可以让他们控制自己的花钱欲望，正确用钱。

2. 让孩子草拟一份用钱的计划

为了让孩子不乱花钱，我们可让他们草拟一份计划，按照先用在学习上、后用在生活上这样的次序来安排支出，并且总支出要严格控制在自己所有的钱的总额的范围内。孩子毕竟还是学生，应该把大部分的钱用在买对学习有用的书和资料上。这样制订花钱计划，孩子就能把钱用在该用的地方了。

3. 让孩子记一笔花钱的流水账

我们可以让孩子自己记一笔流水账，以便清楚地知道自己把钱用在了什么地方。让他们对所花的每一笔钱，都记清时间、用途和使用金额，这样他们就能对自己的财务状况有所了解。同时，他们也会在不知不觉中养成不乱花钱的

好习惯。

我们应该教育孩子从小就养成不乱花钱的好习惯，合理地安排爸爸妈妈给的零用钱，把钱用在该用的地方，而不能胡乱买些没有用的东西。

让孩子开始自己的储蓄生涯吧

豆豆是小学五年级的学生，爸爸妈妈平常都比较忙，所以每天给他零花钱让他自己去买饭吃。豆豆也很独立，爸爸妈妈不在家的时候能够自己照顾自己。

很快，爸爸妈妈就意识到一个问题。那就是，无论他们给了豆豆多少零用钱，豆豆总是花得一分不剩。于是，爸爸妈妈想了一个办法，就是请乡下的奶奶来照顾豆豆的衣食住行，这样一来，豆豆有人照顾了，爸爸妈妈回到家还能对奶奶尽点孝道。

不久，奶奶就从乡下来到了豆豆家。豆豆也很乐意奶奶来陪自己。过了一段时间，豆豆发现奶奶总是把爸爸妈妈给的买菜和买生活用品的钱省出来一部分。例如，在买生活用品的时候，奶奶总是计算物品的价钱和净含量，直到遇到物

美价廉的才会买下来。奶奶把省出来的钱都放在她住的卧室的床头柜里。看得多了，豆豆有一天就问奶奶："奶奶，我爸爸妈妈给你的钱，为什么你都要省出来呢？以前他们给我的零用钱，我都是全部花完的。"

奶奶说："豆豆，爸爸妈妈上班挣钱不容易，我们应该在花钱的时候省着点，有些不必要的东西我们就不买，这样，我们省出来的钱就会多，这样在着急用钱的时候不至于没有钱啊！"

豆豆觉得奶奶说得非常有道理，从此开始向奶奶学习，在买东西的时候，一定要选物美价廉的东西，也不再买好看但不实用的东西了。他渐渐地能把爸爸妈妈给的零用钱省出一部分了，他把这些省出来的钱积攒下来，在奶奶过生日的时候，给奶奶买了一个大蛋糕。爸爸妈妈都说，豆豆长大了，知道勤俭节约了。

故事中的豆豆，在刚开始的时候，花钱没有节制，爸爸妈妈给多少就花多少，没有要把钱节省下来一点的念头。在后来和奶奶的相处中，他看到了奶奶是怎样持家过日子的，了解到了奶奶的储蓄计划，从此改掉了自己把零花钱用得一分不剩的坏习惯，学会了积攒钱。

很多孩子在日常生活中或多或少也会有豆豆之前那样的

行为，把零花钱用得一分不剩，这样是不好的。我们应该让孩子学习奶奶身上勤俭节约的好习惯，把钱节省下来并存起来，积少成多。那么，我们应如何教育孩子把钱储蓄起来呢？

1. 让孩子明白储蓄和借款的区别

父母应该给孩子讲清楚储蓄和借款的区别：储蓄最终受益的人是自己，而借款是需要自己在日后偿还的。家长要帮助孩子们认识到，这两种方式会在他们以后的生活中一直伴随着他们，两种方式都非常地重要。

2. 让孩子懂得储蓄的意义

家长应该告诉孩子们储蓄的意义，让他们意识到储蓄的最后受益者是他们自己，使他们产生储蓄的念头。储蓄的意义，是让人在需要钱的时候不至于因没钱而受困，无论是孩子自己储蓄还是家长帮孩子储蓄，最终受益的人都是孩子自己，在意识到这点以后，孩子就会多节省一些自己的零用钱并把它储蓄起来。

3. 帮助孩子制订一个储蓄小计划

在孩子建立了个人储蓄意识之后，父母就可以帮助他们制订一个个人储蓄计划，以实现他们的某项特别目标。有目标地计划，他们执行起来也更有动力。在适当的时候，父母

可以给予孩子一定的奖励。比如，孩子在一个时间段内储蓄的钱达到一定的金额时，父母可以适当地奖励一些学习用具或者图书，以鼓励孩子在这段时间内作出的努力，使孩子们更有动力在以后的日子里加倍努力。

我们要教育孩子从小建立良好的储蓄意识，勤俭节约，把节省下来的钱都存起来，在需要的时候再用。让孩子行动起来，开始自己的储蓄生涯吧！

克服购买欲，改掉冲动消费的不良习惯

艾米今年上初中了，是家里的独生女儿。艾米的爸爸妈妈都是生意人，平时都非常忙，没有多余的时间去照顾和陪伴艾米，所以就给了艾米足够的生活费，让她自己需要什么就去买什么，他们觉得要在物质上补偿艾米。

上了初中的艾米，越来越出众，不仅学习好，人也长得漂亮。爱美之心人皆有之，艾米也不例外。她把大部分的生活费都用来买漂亮的衣服，每次看到什么漂亮的饰品也毫不犹豫地买下，但不久就对它们失去了兴趣。

很快，家里放了很多艾米买的好看但不实用的东西，妈

妈发现了之后就找艾米谈心。

妈妈说："艾米，我给你的生活费，你是不是都买那些饰品了？"艾米说："妈妈，我就是觉得它们很漂亮，就把它们买下来了。"妈妈又说："那你在买了它们之后有没有让它们好好地发挥作用呢？"艾米低下头说："没有。"

妈妈语重心长地说："既然买了就应该把它们的作用发挥到最大。其实我觉得那些东西都是没有必要买的。你在看上一件新物品的时候，可以问问自己，买它有什么作用呢，它能给我什么帮助呢？如果特别想买，能不能过段时间再看？也许过段时间你就不那么想买了。艾米，可以试试吗？"

艾米听了妈妈的话，不再看见什么好看的就立刻买下来了，对于自己不需要的东西，艾米不再买了。就这样，艾米控制住了自己的购买欲，还把多余的生活费还给了爸爸妈妈。

案例中的艾米刚开始的时候过度消费，买了很多不实用的东西，仅仅是看到觉得喜欢就买了下来，久而久之就产生了一种对新鲜事物的购买欲望，一看见新鲜的事物就一定要买下，这也就是我们所说的冲动消费。

孩子对新鲜的事物总是比较感兴趣的，新鲜事物会引起他们的好奇心和探究心，让他们有了购买的欲望。时间一过，买了的东西他们就不再喜欢了，他们又喜欢新的了。那么，家长在发现孩子有这种习惯的时候，应该怎样去正面引导呢？

1. 只给刚够用的零用钱

爸爸妈妈在给孩子零用钱的时候，只给刚够用的，不要给太多。这样能够从根源上阻止孩子在看见新鲜事物的时候就去购买的冲动。这样，孩子会知道，自己只有这么多钱，必须要学会合理规划零用钱，分配好零花钱的用处，慢慢地，孩子就会养成良好的消费和理财习惯了。

2. 不买没有用的东西

也许有的孩子在平时总是看到一个漂亮的本子、一个漂亮的饰品就买下来，可是最后，本子也没有用，饰品也被丢在了角落。钱要用在最需要的地方，不应该只为一时的冲动就买那些不实用的东西。家长是孩子的第一任老师，应该加强对孩子这方面的教育。我们可以鼓励孩子用自己攒的零用钱去买他们想买的东西，这样孩子在花自己积攒的钱的时候就不会再随心所欲地买些华而不实的东西了，攒钱的过程还可以让孩子懂得积少成多的道理。

3. 随身不要带太多的钱

家长可以每个月给孩子一点零用钱，零用钱的额度取决于父母的收入水平和孩子的年龄。每个月定期、一次性地付给孩子，让他对每次消费都进行记账，这样就在无形之中控制了孩子的购买欲。孩子自己出门玩的时候，不要让他们在身上带太多的钱，这样孩子就在无形之中控制了自己的消费欲望。

父母应该教育、引导孩子合理地支配零花钱，让他们懂得钱要用在刀刃上、用在学习上，让他们从小克服自己的购买欲，克服冲动消费的不良习惯。

第九章

教导孩子友善宽容: 克服任性自私,用爱心播撒善良

宽容是一种品德,也是一种智慧。假如孩子学会了宽容,那他就掌握了跟任何人交往的一种智慧,就有了良好的人际关系,他的生活就会更快乐。

引导孩子改掉霸道的不良习性

月月虽然是个女孩，但却不像别的女孩那样讨人喜欢，她在班上是个不受小朋友欢迎的孩子，简直就是班上的"捣乱大王"：老师让小朋友们排队离开教室时，她就在地板上爬来滚去；小朋友们聚精会神听老师讲故事时，她就推推左边的同伴、拍拍右边的同伴，不停地捣乱；玩游戏的时候，月月又很霸道，她喜欢的玩具就要独占，不让其他小朋友碰……

有一次，小朋友们在玩开火车的游戏，一个小朋友当火车头，由"火车头"邀请其他小朋友上火车，小朋友们在老师的钢琴伴奏下，骑在小板凳上"咔嚓咔嚓"一起前进。开火车游戏是小朋友们都爱玩的游戏，但是每次玩的时候，不管谁当火车头，月月都不会被邀请上车。看着其他小朋友兴高采烈地开着小火车，坐在一边的月月显得特别孤独……

小朋友们都不愿把月月当成自己的好朋友，不邀请月月上自己的小火车，月月成了班级团体里不受欢迎的人物。因为她捣乱、淘气、霸道，所以小朋友都躲开他，避免被她干

扰或被别的小朋友认为自己是属于月月一类的人。其实，月月这样的孩子，在同伴群体里不受欢迎的情况一旦形成，短时间内都难以改变。月月属于性格外向、活动水平较高的一类孩子，也就是说，她比较喜欢动而很少对安静型的活动感兴趣，所以，在要求安静的活动中，她容易出现"捣乱"行为。而对于集体生活的一些规则，如排队、保持安静等，月月接受起来有些困难，这就和她的家庭环境和父母的教育方式有关了。

其实，这样的状况对于成长中的孩子来说是危险的。每个孩子都希望有一种自我价值感和归属感，这是他们不断努力和奋进的动力。而周围同伴的远离会使孩子变得离群索居，长此以往，孩子会难以交到真心的朋友，也会难以建立良好的人际关系。

现在的孩子，在家里基本过着"一个中心"的生活，这容易使孩子养成霸道的行为习惯，给别人留下非常不好的印象。

那么，怎样才能让孩子改掉霸道的不良行为习惯呢？

1. 为孩子营造和善、有爱的家庭氛围

"你滚吧！想去哪里就去哪里！"这是家庭冲突爆发时，家长常对孩子说的一句话，父母与子女双方唇枪舌剑，

互不相让。久而久之，孩子也养成了霸道的个性，这更是孩子诸多坏心态的来源，消极、悲观、自卑、浮躁、骄傲、自大、贪婪、偏执、嫉妒、仇恨等，它们就恰似愁云惨雾的阴霾，浓烟滚滚的烈焰，消磨孩子的意志，炙烤孩子的心魂。而相反，在相互关爱的家庭中成长，孩子就会多一份责任感，能体会到家长的艰辛，这样的孩子往往是积极向上的，也更懂得体贴他人，自然不会霸道。

2. 告诉孩子要懂得分享

谦让是中华民族的美德，大多数父母也都明白一个道理，即孩子最终要走向社会，要在群体中生活。与人分享，能得到别人的信任、支持和尊重，因此，父母都希望孩子学会与人分享，养成慷慨、大方和谦让的美德。

实际上，由于家庭教育的不足，尤其是父母的溺爱，很多孩子自私自利，不愿意与人分享，这对孩子成为一个合格的社会人是极为不利的。一个什么都不愿与他人分享，霸道的人，是很难与他人形成良好的人际关系的。所以，家长要从小培养孩子与他人分享的意识。

3. 鼓励孩子大胆交朋友

友谊是每个孩子生活的重要组成部分。对孩子来说，结交朋友似乎是这个世界上最自然不过的事情。在交朋友的过

程中，孩子能认识到自身的缺点，也会逐渐懂得从朋友的角度来思考问题，进而逐步克服霸道的缺点。

总之，我们要让孩子明白，友谊是一笔宝贵的财富，而要获得友谊就要懂得从他人角度考虑，就不能霸道，这样，孩子才能受到别人喜欢，才能有良好人际关系！

孩子任性，父母应反思教育行为

"我的女儿今年刚满4岁，聪明可爱，因为我们工作很忙，女儿长期是爷爷奶奶带的，但我们每天都会抽时间过去和她玩。因为她小时候没吃过母乳，身体多病，所以爷爷奶奶对她照顾得很周到。女儿两岁就上了幼儿园，学习接受能力都不错，就是性格比较任性，有点我行我素，如公开课上，老师点她发言，其实她会，但就是不配合，还跟我们说，不想让这么多不认识的人听她念课文，听老师说平时点她发言她也很配合的，学习效果也是可以的。每个新学期开学，孩子总是要哭个几次，不过我们走后，她上课做游戏都很积极，她还说其实自己也很喜欢上幼儿园。

这个暑假，她喜欢学习生字，玩玩具也有耐心，但就是

性格更加任性了，有时可以说是固执。如看电视时有哪个节目上的字她不认识，而家里人又未能及时看到告诉她，她就开始吵闹，并且吵得很厉害。我们每次都通过转移注意力的方式让她安静下来，次数多了真是觉得累。我们跟她说过多次道理，幼儿园的小朋友不认识字是很正常的，可当时答应得很好，下一次又是一样吵闹。到底怎么办才能让她不再任性？"

很明显，故事中的家长所操心的问题是孩子太任性。所谓任性，是指一个人不顾客观环境和条件，自己想说什么就说什么，想做什么就做什么，不听从别人的劝告和阻拦，任着性子来。任性是一种不良性格特征，对孩子的成长很不利。现代社会，很多父母误以为教育孩子就是满足孩子的一切要求。正是这种有求必应，让孩子形成了任性的坏毛病。

孩子为什么任性呢？是家长欠妥的教育使然，有多少父母和祖辈，家中的"小公主""小皇帝"刚一哭闹耍性子，就心软了，就"投降"了，就百依百顺了。等到孩子已经掌握了任性这个要挟大人的"法宝"，知道任性可以"摆布"大人达到自己的目的时，家长才想到克服孩子的任性，但此时，已错过了最佳时机。克服孩子的任性，让孩子懂事乖巧，必须从小开始。

1. 防患于未然

孩子的一些任性行为，是有规律可循的。父母可以在生活中多观察，看看孩子在什么情况下会有任性的行为，下次再遇到这样的情况前，就可以先跟孩子沟通，定好规则。例如，长辈容易惯着孩子，孩子跟爷爷奶奶在一起时就会更任性，下次带孩子去长辈家时，就可以先给孩子打"预防针"，避免孩子任性。

2. 说理引导

孩子有些要求是无理的或不能满足的，家长应赶紧利用童话、寓言故事等方式，给孩子讲清道理，这常常可以避免孩子任性。应注意的是，家长说理引导一定要及时。

3. 激将夸奖

孩子都有好胜心，都喜欢被父母夸奖和赞美，如果孩子还处于任性初期的话，家长可以通过正面激励的方法来帮助孩子转变，也可以通过反面激将法，故意说他"不能……"，可能他就会说"我能……"，并努力证明给我们看。这样，能帮助孩子改掉任性的毛病。

4. 注意转移

这样的情形很常见：孩子任性地要做不该做的事，大人非要阻拦不可，但孩子说也不听、打也不行，孩子和大人一

个要干，一个要拦，相持不下，局面尴尬。若恰在这时推门进来一个陌生人或发生一件新奇的事，孩子立刻就会被吸引过去，就不再任性了。这是因为他的注意被转移了。孩子的注意力是容易转移的。在孩子出现任性行为时，我们可以利用当时的情境特点，设法把孩子的注意力转移到别的一些能吸引孩子的、新颖的事物上去。这一方法在任性初期时更灵。

5. 不予理睬

在孩子任性地耍脾气时，家长在料定没什么"安全问题"的情况下，就可以不去理睬他，任他闹一阵子。等他不闹了再去说理。使用这种方法，家长一不要太性急，二不要心太软。

6. 让孩子"自食其果"

比如，孩子不吃饭，或拿不吃饭要挟大人。那么，家长就赶快收拾饭桌，让他好好饿一顿，体会一番饿肚子的感觉，这就是最好的"惩罚"。又如，没到穿裙子的季节，孩子却非穿不可，如果其他办法不管用了，那么就让孩子去穿，让孩子自食"受凉挨冻"的果，这就是最好的教育。采用这一方法，一是要确保后果对孩子身心没多大的伤害，二是大人要狠下心。

总之，孩子的懂事并不是天生的，改掉孩子任性的坏毛病，需要家长的长期引导，对于孩子的任性，家长不能太过于迁就，不能让孩子得寸进尺。

克制自私，让孩子拥有健全的人格

这是在旅行大巴车上发生的一幕：

某小学组织学生干部外出参观。出发时，这些学生都争先恐后地挤着上车抢占座位，老师们最后上，没有座位了，只好都站着。40多个平常被认为是"好学生"的孩子，没有一个肯把座位让给老师。由于路途不近，一位50多岁的老教师实在站不住了，就想在过道上坐下。身边的一个男学生急忙说："哟！您可别坐着我的包了！"

这是在一所学校门口发生的一幕：

有一对夫妇送7岁的儿子上学，到学校门口儿子不走了，要他爸爸叫他一声"爸爸"才肯进去。当爸的觉得在大庭广众之下叫不出口，求儿子免他一回。儿子自然不肯，不叫就不进去。他妈妈在一边撺掇他爸："你赶快叫吧！你就满足他的要求吧！"这当爸的没办法，对儿子叫了一声"爸

爸!"，儿子"唉"了一声，进校门了。

这两幕实在让人悲哀! 为什么一个个孩子这么极端自私、冷酷无情? 很大程度上是被家长骄纵坏的! 问题源于极度关爱、过分溺爱和无限纵容。这已经成为当今一些家庭的通病。有的父母娇惯孩子已经到了违背人伦常理的地步。

孩子应该学会的不仅仅是文化知识，还有良好的品德，但在应试教育的"感召"下，很多家长只注重孩子的学习成绩，而忽视了孩子的品行修养。很多孩子自私自利，这些孩子，在他们家里无一不是唯一"核心"。很多中国父母爱孩子一直用了错误的方式，实行独生子女政策更加剧了这种趋势。于是，社会上出现一种奇怪却非常普遍的现象：孩子成了家里的所谓"小皇帝""小太阳""独苗苗"，几代人都宠着他、惯着他。孩子心中逐渐形成了自己是"家庭中心"的观念，只知有自己，不知有别人。他以为自己的欲望都应该得到满足，无须感恩和回报；如果欲望得不到满足，就是家长的错；至于别人的需要，包括最亲近的父母亲、老师的需要，都与他无关，他无须考虑。

这些自私的孩子正面临着心灵的荒漠、人格的缺陷，甚至人生的失败：他们常常因得不到某种满足或者对别人的一点点不足过失而耿介于怀，所以往往痛苦多于欢乐，怨恨多

于感动；极端的自私和狭隘还可能演化成为危害社会危害他人的行为。

亡羊补牢，为时不晚，孩子还处在人格的塑造期，家长还能让孩子摆脱自私心理。那么，家长具体该怎么做呢？

1. 不要溺爱孩子

孩子吃独食，不愿与他人分享，是与家长的溺爱密切相关的。很多家长出于对孩子的爱，把好吃的、好玩的全让给孩子，孩子偶尔想与家长分享，家长在感动之余却常说："我们不吃，你自己吃吧。"长此下去孩子的独享意识就被强化了，他们就会理所当然地把好吃的、好玩的据为己有。

2. 不能让孩子搞特殊化

在家庭生活中要形成一定的"公平"环境，这无疑对防止孩子产生"独享"意识有积极的意义。家长还要教育孩子既看到自己，也要想到别人，知道自己与其他成员是平等的，自己有愿望，别人也一样有愿望，好东西应该大家分享，不能只顾自己不顾别人。

3. 让孩子明白分享不是失去而是互利

孩子之所以不愿与人分享，是因为他觉得，分享就是失去。家长应该理解孩子这种难以割舍"所爱"的"痛苦"，也应该让孩子明白，分享其实不是失去，而是互利。分享能

体现自己对别人的关心与帮助，自己与别人分享了，别人也会回报自己同样的关心与帮助，这样彼此关心、爱护，大家都会觉得温暖和快乐。

4. 对孩子进行分享行为的训练可以从婴儿期开始

如孩子拿着镜子，爸爸妈妈拿着汤匙，爸爸妈妈温柔而愉快地递给孩子汤匙，然后从他手中拿走镜子，通过这样反复地交换，孩子便学会了互惠和信任。

5. 给孩子分享的实践机会

经常让孩子与小朋友开展生动有趣的活动。让孩子与小朋友共同活动，共同分享活动的快乐。另外，应常给孩子创造为家长服务的机会，如家里买了水果、糕点时，让孩子进行分配，如果孩子分配得合理，就及时表扬强化。

6. 成为孩子的榜样

家长要做与人分享的模范，经常主动地关心帮助他人，如帮助孤寡老人、给灾区人民捐衣送物等。

自古以来，无数事实说明：骄纵败子，很多人人生失败的原因，不在于别人，而在于娇惯溺爱他的父母。因此，父母应该教育孩子，让他通过生活的磨炼，懂得感恩，懂得爱别人，让孩子拥有健全的人格，这是教育孩子的根本！

让孩子心中有他人

托尔斯泰说："家长的责任是不能托付给任何人的，金钱买不到成功的孩子。"所以，培养心中有他人的孩子，需要家长做个有心人，从生活中的点滴小事开始，让孩子去历练、去感知，让孩子拥有健康向上的情感。

不少父母看上去很爱自己的孩子，但他们的爱不是理智的爱，而是溺爱。在许多独生子女家庭中，父母有了好吃的不舍得吃，给孩子今天留、明天留，孩子不愿吃了，家长方可吃。如家长已经将肉盛入自己碗里了，会再拣出来放在孩子的碗里，也不忍心对孩子讲："你吃了很多了，应该给干活最辛苦的爸爸吃一点。"这使孩子只会享受家人的关怀、照顾，而不知道还要去关心别人。家长无意识的迁就顺从，使孩子形成了"自我中心"的心理定式。

那些受过家长引导和教育的孩子，明白父母养育的艰辛，明白人与人之间需要爱。这告诉父母，不能溺爱孩子，要从小在家庭中为孩子设立为他人服务的岗位，让孩子从小在为他人服务的过程中体会到他的一份责任，养成关心、照顾他人的良好习惯。如让孩子坚持为下班回家的父母取拖鞋、倒茶水等，事情虽小，但给孩子的影响却是很大的。

孩子不懂得关心他人，很重要的一个原因就是孩子的自我中心意识过重，而这种过重的自我中心意识往往是家长给他养成的。什么事都依着他，什么东西都让给他，家里所有的人都要听他的，这样就必然养成他"心中没有他人，只有自己"的自我中心意识，这样的孩子是不可能去关心他人的。苏联教育家苏霍姆林斯基说："爱国主义思想是从摇篮里开始培养的。谁要是不能成为父母真正的儿子，也就不能成为国家的儿子。"教育儿童心中有他人，将来走上社会，才会心中有祖国、心中有人民，成为祖国的栋梁之材。要让孩子成为心中有他人的人，就要从小教育。

1. 让孩子从孝敬父母开始，学会爱别人

家长可以不断地给孩子创造孝敬长辈的机会。例如，让孩子给爷爷奶奶、爸爸妈妈过生日，为父母献上一首歌，说一句祝福的话。孩子在做这些事的过程中得到的长辈的喜爱，得到成人的赞赏，能强化他孝敬父母、尊敬长辈的意识。

老张有个独生子。他注意培养儿子关心他人的好品德，并在平时有意识地察看他的表现，是否心中只有自己，没有别人。有一次，老张同他在街上买了一盒巧克力，虽说一盒，实际只有15粒，数量不多，儿子又很喜欢吃，回去究竟

如何处理，老张并没有想。到家后，儿子首先送了一粒给奶奶后才自己吃。老张欣慰地笑了。

不少孩子的父母认为好东西让给孩子吃，让孩子生活得幸福是天经地义的事。殊不知溺爱孩子其实是害了孩子。要让孩子学会心中有他人，应让孩子从学会孝敬父母开始。

2. 父母要以身作则，言传身教

模仿是孩子主要的学习方式，特别是行为习惯方面。成人有意识地为孩子树立榜样是有效的教育方法。父母平时要尊老爱幼，热心助人，做关心他人的楷模，为孩子提供具体形象的学习榜样。如吃饭时为父母夹菜，晚上为父母洗洗脚，邻居家遇到困难时主动地去帮忙，等等，父母的一言一行会深深地打动孩子的心，在孩子幼小的心灵里埋下爱的种子。

3. 家长不要迁就溺爱孩子

要让孩子认识到，他和家里所有的人都是一样的，没有什么特权，自己喜欢的东西别人也喜欢，自己不喜欢的东西别人也不喜欢，所以，自己喜欢的东西就要与他人分享，不能霸占。当孩子做了错事时，家长要让孩子知道错在哪里，也可以反问孩子："要是别人也像你这样行不行？"另外，还要为孩子提供与人交往的机会，让他的同伴到家里玩，

将自己好玩的玩具拿出来与小伙伴一起玩，好吃的大家分着吃。这样，让他在与伙伴交往的过程中正确认识自己和他人的关系，破除自我中心的意识。

4. 父母要经常与孩子沟通，让孩子知道父母的苦与乐

父母要平等地与孩子谈话，把自己的真实感受告诉孩子。例如，妈妈疲劳地回到家里时，可以告诉孩子："妈妈挤了两个多小时的公共汽车，很累，你能给妈妈倒点水吗？"若是爸爸或妈妈从外面带回精美的点心，可以一家人围坐在一起，让孩子分点心，家长应高兴地接受分享，表扬孩子礼貌、懂事的行为，让孩子养成好东西大家分享的习惯。

5. 给孩子提供关心他人的机会

上街买菜时，就让孩子帮忙拿一些他能拿动的东西，有好东西吃就让他送给家人吃，孩子每碰到类似情况，就会如法炮制，慢慢就会养成关心他人的习惯。

6. 对孩子关心他人的行为给予表扬和鼓励

例如，孩子帮妈妈擦桌子、扫地了，妈妈就要口头表扬孩子"呀！宝贝长大了，知道疼妈妈了，今天能帮妈妈干活了"；孩子在与邻居小朋友玩时，将玩具主动让给同伴玩了，就抚摸着他的头说"你真棒"，或者给孩子一个吻等。

总之，父母要建立平等的、互敬互爱的家庭关系。父母不能永远围着孩子转，不能让孩子从小养成吃独食的习惯。通过吃、穿、用等一点一滴的小事让孩子明白父母为了自己所付出的辛苦与汗水。同时，让孩子知道自己也有义务为别人付出自己的关心和爱护，父母也是需要孩子去爱护、照顾的。教育孩子成为心中有他人的人，这样，他日后才能担当起社会、家庭的责任！

关注孩子，培养孩子的善心

陈宇是个很懂事、很善良的女孩，而她善良的性格是从很小的时候，爸爸就开始教育的。爸爸常常给陈宇讲故事、讲历史。陈宇至今保存着两块珍爱的徽章，一块上面写着"博爱"，一块上面写着"天下为公"，她常常将它们别在胸前，那是小时候爸爸送给她的，爸爸希望她长大成为一个爱自己的国家、爱自己的民族、有社会责任感的人。他告诉陈宇，人不能光为自己活着。要像孙中山先生等志士仁人一样，以天下为己任。

上学后的陈宇，在学校里乐于助人是出了名的。只要

班上有请病假的同学，不管晚上放学多迟、天气多恶劣，陈宇都要去同学家帮助他（她）将落下的功课补上。但有一次，陈宇自己病了，却没有一个同学主动来看她，这使善良的陈宇非常伤心。父亲最懂女儿的心思，他严肃地抓起陈宇的手告诉她：咱们不应计较别人对你的回报，我们付出不是为了得到回报，而是为了让这社会更美好。

陈宇的爸爸说，陈宇和所有的孩子一样，原先只是一张白纸，她的好品质是一点一滴积累而成的，他只是起了个启发熏陶的作用。

孩子的好品质是从小形成的，孩子这一张白纸，需要父母用心去描绘。

"人之初，性本善"，孩子的本性是善良的。孩子在小的时候，总是会对周遭发生的不公正事情产生情绪，但在后来的成长中，一些父母往往对孩子进行一些特殊的教育，如灌输"社会如何尔虞我诈""人与人之间如何勾心斗角""别人打你，你也打他，打不过就咬""咱们宁可赔钱，也不能吃亏"等想法。也许父母的本意只是想告诫孩子学会保护自己，小心上当，可是这些父母的方法不对。父母应对孩子进行善良教育，用自己的爱教育孩子"从善如流"，让孩子从小形成博爱、同情、宽容等品德。

一个健康的孩子就好比一棵树，必须以善良为根、正直为干，丰富的情感为蓬勃的枝丫，这样才能结出美丽善良的果子。善良是人道精神的核心，必须从小细心培养，否则难有效果。

那么，家长该怎样让孩子从小保持一颗善良的心呢？

1. 父母恩爱

父母恩爱能让孩子感受到家庭之爱，从小生活在这种环境中，孩子会有一颗积极、温暖的心。从父母恩爱、彼此尊重的家庭里走出来的孩子，更懂得去爱别人，他们对家人温和亲爱，对外人也谦让有礼。

2. 父母要从自身做起，要富有同情心和爱心

这样才能把善良的根植入孩子的心中。涓涓之水，汇成江海，爱的殿堂则靠一沙一石来构建。孩子最初的同情心和怜悯心是父母同情心与怜悯心的反映。父母对别人的困难、痛苦的同情与怜悯会深深打动孩子的心灵，感染和唤起孩子对别人的关心。

例如，在公共汽车上，家长对孩子说："你看，那个阿姨抱着小弟弟多累呀，我们让他们坐到这里来吧。"邻居老人生病，家长带着孩子去探望问候，帮老人做事。新闻报道有人缺钱做手术，生命垂危，家长带孩子去捐款，献上一份

爱心……经常看到大人是怎么同情、关心、帮助他人的，这对于孩子养成善良品质是最好不过的了。平时让孩子把自己痛苦的感受与别人在同样的情境下的体验加以对比，体会别人的心情，可以让孩子学会理解别人，学会共情。例如，看到小朋友摔倒了，家长启发孩子："想想你摔倒时，是不是很疼？小朋友一定很难受，快去扶起他，帮他擦擦脸。"某地发生灾情，家长可引导孩子："那里的小朋友没有饭吃，很饿，没有衣服穿，冻极了，你想想，如果你也在那里，会怎么样？我们去送点衣服、食品给灾区的人吧！"……

父母应同情并帮助身边正遭受痛苦和不幸的人，以自己的善良感染和陶冶孩子，在孩子的心中撒播善良的种子。要热忱支持孩子的献爱心活动。

3. 父母要学会关爱孩子

父母先学会关爱孩子，才能让孩子学会关爱别人。应做到以下几点：

（1）随时关心孩子的成长和身心发展的状况与需要。

（2）尊重孩子的个性，维护他的自尊与荣誉感。

（3）确实了解孩子以后，才给予正确的引导与协助。

（4）无论多忙，一定要抽出时间跟孩子谈天，建立亲密的感情。

总之，孩子的善心需要家长在一点一滴中培养、一言一行中引导。这样，那仁慈博大的爱心，就会在孩子心头扎下根，并会随着孩子的成长而不断扩展和升腾。孩子就会有一颗仁爱之心，从而爱父母、爱朋友、爱家乡、爱祖国！

乐于助人是一种高尚的品质

乐于助人是中华民族的传统美德，是一个人良好道德水准的重要表现。可现在的孩子都是家庭中的"小皇帝""小公主"，全家的宠儿和希望。家长真是"放在一边怕凉着，搂在怀里怕热着"，害怕自己的孩子受苦、受委屈、受挫折。很多家长都有这样的心理："我们小的时候条件不好，现在条件好了，孩子需要什么我们都满足他。"孩子在家中随时随地都处于被照顾的地位。他们很少去关心、照顾别人，甚至很少想到别人，除非他们需要别人帮助。然而，这对孩子的成长是十分不利的，它不利于孩子优良品格的形成，不利于孩子长大进入社会与人和谐共处，它会妨碍一个人学习、事业上的成功。

乐于助人是一种高尚的品质。年幼的孩子也许对它尚无

明确的认识，不懂得它的社会意义。可是他们都有同情心，这是培养他们乐于助人精神的基础。家长可以利用这点，鼓励孩子主动帮助别人。具体可以从以下几个方面入手：

1. 培养他们关心别人的习惯

例如，父母要有意识地让孩子从幼儿园回家后先去问问生病的奶奶好些了吗？妈妈下班回来，爸爸让孩子去问问妈妈累吗？爸爸出门办事，妈妈让孩子去代说一句"路上骑车要小心"。

2. 从小事做起

要给孩子机会去帮助别人。培养孩子对周围人、事与情感的敏锐，并让他们去实践自己所学到的。例如，哥哥或弟弟不舒服时，让他去照顾，他会从经验的累积中了解什么是"帮助"。教育孩子在幼儿园要关心、帮助别的小朋友，当小朋友摔倒了，要主动扶起来，并加以安慰。在这种举动中，孩子将会体验到帮助别人的快乐。再如，妈妈蹲着洗菜，爸爸就可以引导孩子注意到，并让他送去小板凳；奶奶生病卧床，妈妈让孩子给递水、送药。走在路上，看到老人手中的报纸或其他较小的东西掉在地上，让孩子帮助捡起。

3. 注意启发孩子的同情心

孩子的行为绝大多数是由感情冲动引起的，其行为过程

也带有很浓的感情色彩。那么，让孩子帮助别人，最好从启发他的同情心入手，例如"你看那位老爷爷弯腰多吃力呀！赶快帮助他把报纸捡起来吧！"这比"你应该帮助老人"的效果好得多。

4. 成为孩子的榜样

家长是孩子第一个模仿的对象，一定要以身作则。鲁迅先生曾尖锐地指出："父母不仅可以把自己的优秀品质传给后代，其恶劣性、不良性格、不好的生活习惯也会潜移默化地影响孩子。"孩子是父母的一面镜子，家长的品行常在孩子身上反映出来。因此，家庭成员间的互相关心、邻里间的互相帮助等，都能直接地教育孩子。孩子看到了家长的示范，自己在遇到类似的情形时，自然而然就会学着大人的做法。

5. 对孩子热心助人的行为保持积极态度

对于孩子热心帮助他人的做法，家长要予以肯定、支持。万万不可教育孩子"少管闲事"，甚至告诉孩子帮助别人可能还会挨批评。要知道家长的态度时时影响着孩子。家长在启发、支持、赞赏孩子助人为乐的行为时，还可向孩子讲明为什么要这样做，帮助孩子提高道德认识，逐渐形成较为明确的行为标准。

　　当孩子看见别人有困难时，如别人摔倒了、生病了等，父母都应该趁机对孩子进行正确引导，让孩子帮助别人，与他分享帮助人的快乐，为孩子增添一种良好的品德，帮助他们形成"利社会"的形象。毕竟一个乐于助人的人不会是"自私鬼"，一个乐于助人的人能获得社会更高的评价！

参考文献

[1]狐狸家. 给孩子的教养课[M].北京：中信出版社，2019.

[2]李庆明，徐迪. 孩子的教养之勿伤己[M].南京：江苏凤凰科学技术出版社，2017.

[3]曾仕强，刘君政. 家教：父母如何教养孩子[M].成都：四川人民出版社，2019.

[4]劳拉·马卡姆. 和平式教养法[M].上海：上海社会科学院出版社，2016.